고객관리 조직
실무능력개발 매뉴얼

효산경영연구소
지식·인력개발교육원

편창규·편제호

신간 실무능력개발 매뉴얼

* 경영기획 조직   * 경영관리 조직   * 인사관리 조직   * 영업관리 조직
* 마케팅전략 조직   * 회계관리 조직   * 재무관리 조직   * 총무관리 조직
* 고객관리 조직   * 구매관리 조직   * 생산관리 조직   * 품질관리 조직
* 기술개발 조직

머리말

저자가 직무분석 연구를 시작한 것은 산업교육 전문기관인 주)아시안컨설팅에 경영진단팀이 신설되고 이 팀의 책임자로 합류한 후 1991년 7월부터 92년 2월까지 7개월 동안 한국방송공사의 『KBS의 합리적 인원관리를 위한 직무분석』 연구를 시작하면서 부터이다.

이 후 1993년 1월 효산경영전략연구소(효산경영연구소 전신)를 설립한 후 쌍용자동차, DB손해보험(구 동부화재), KDB생명(구 금호생명), 효성생활산업(효성에 합병), 기아정기(현대모비스에 합병), 한국프랜지, 한국유리공업, 인천국제공항공사, 한국산업인력공단, 한국도로공사, 공무원연금공단, 국민연금공단, 한수자원연구원, 한국전력연구원, 일산병원, 한국가스안전공사 등에 대한 직무분석 연구를 수행하였으며, 최근에는 순천대학교 『에너지자동화사업단 전기전자공학부 교과과정 개선을 위한 직무분석 연구』를 수행하였다.

강산이 3번쯤 바뀌는 27년 동안 책임연구원으로 직무분석(조직설계, 정원산정, 인사제도 설계)연구와 경영진단, 경영평가 연구를 수행하여 왔으니 때로는 직무분석 전문가가 아니라 道人(도인)이 된 것 같은 착각과 환상에 젖는 경우도 있었던 것 같다.

오랜 기간 동안 직무분석 연구를 통해 용역수행 기업에는 기업성장과 인적자원관리 제도발전에 많은 도움을 주었다고 자부할 수 있으나 조직원에게는 어떤 도움과 영향을 주었을까?

머리말

　직무분석 연구결과 활용으로 설계된 신조직이 안정되고, 표준직무에 따라 적정정원이 성과지향적인 역할을 효율적으로 수행하여 기업이 성장·발전하게 되면 조직원들의 귀속성과 직무만족도가 향상되었을까?

　혹시 직무분석 연구결과로 산출되는 신조직구조, 신직무편재, 정원재조정, 직무가치 중심의 성과관리로 인해 업무활동을 더 힘들게 하지는 않았을까?

　이러한 조바심이 들면서 그동안 연구한 직무분석 결과를 활용하여 조직원들에게 도움을 줄 수 있는 방법은 없을까를 고민하던 중, 조직원들의 직무능력개발과 실무적응력을 향상시킬 수 있는 교육프로그램을 설계한 후, 교육교안으로 본서를 저술하였다.

　실무능력개발을 지원하는 온라인교육과 실무방법을 첨삭지도 하는 오프라인 교육을 위해 1차로 3개 직종(관리, 영업, 생산), 13개 조직(경영기획, 경영관리, 인사관리, 총무관리, 영업관리, 마케팅전략, 고객관리, 재무관리, 회계관리, 구매관리, 생산기술, 품질관리, 생산관리)에 대한 교육프로그램을 운영하게 된다.

　본서는 기업조직에서 직무수행에 필요한 조직구조, 조직기능, 조직역할, 타 조직과의 업무협업, 표준직무, 직무목표에 대한 학습내용과 업무방법, 업무지식, 실무능력, 업무행동 개발방법이 구성되어 있다.

　이러한 관점으로 저술된 본서는 Ⅰ장에서 산업환경 변화와 기업인재상, Ⅱ장은 조직기능과 편재직무, Ⅲ장 직무수행능력 관리, Ⅳ장 핵심직무 실무능력개발, Ⅴ장 조직행동과 직무적성관리, Ⅵ장 학습내용 평가로 저술되어 있다.

　특히 Ⅳ장에는 조직별로 가장 핵심적이고 중요시 되는 실행업무

4~5개를 선정하여 "업무과제, 업무목표, 업무절차, 업무방법, 업무역할, 업무성과" 내용이 저술되어 있으므로 관련내용을 학습할 경우 실무능력이 우수한 인적자원으로 성장·발전할 수 있도록 하였다.

본서를 활용하여 온라인교육 과정에 참여할 경우에는 실무능력개발을 위한 사전 예비학습이 필요하다. 예비학습 방법으로는 본서의 Ⅱ장과 Ⅲ장에 구성되어 있는 조직기능과 편재직무, 직무수행능력 관리 내용을 1회이상 필독하여 표준직무, 업무프로세스 업무역할, 업무역량에 대한 기초 개념이 이해되도록 한다.

조직별 표준직무에 대한 기초개념이 정립되지 않은 상태에서 온라인 교육을 이수할 경우 지식습득은 가능하나 체험·숙련·응용능력이 개발되지 않아 조직에 편재된 직무수행(방법, 역할, 능력, 성과)에 필요한 실무능력개발 학습이 어렵기 때문이다.

한편 본서를 활용하여 온라인교육에 참여하지 않고 자기 학습할 경우에는 예비학습 대신 학습단계를 1차 학습과 2차 학습단계로 구분하여 학습하는 것이 효과적이다.

1차 학습단계에는 본서에서 표현되는 용어들이 이해될 수 있도록 개념중심의 학습을 이행한 후, 2차 학습단계에서 조직별로 편재된 표준직무의 이해(목표, 성과)와 업무흐름, 업무역할, 업무방법을 학습하기를 권한다.

학습방법의 선택은 독자들의 몫일 수 있으나 본서가 지향하는 학습내용은 조직별로 업무역할에 대한 이해와 업무성과를 달성하는데 필요한 실무능력개발에 목표를 두고 있으므로 이러한 교육효과를 나타내는 학습방법의 선택이 중요하다.

머리말

그리고 본서를 활용하여 취업에 필요한 실무능력을 개발할 경우에는 본서의 자매 서적으로 취업희망 직업분야 선택에 도움을 주는 참조 도서인 "the Job 오케스트라"와 직종·직렬별 직무분야와 업무역할 안내 도서인 "취업 & 직무능력개발 어떻게 할 것인가?"를 활용하여 취업방향 탐색 즉, 취업희망(성장 잠재력)분야 선정과 직무분야를 선택한 후, 취업에 필요한 실무능력을 개발하여야 한다.

만일 취업희망 분야와 실무능력개발 분야가 다를 경우 특정분야의 실무능력을 갖추고서도 타 분야에 취업을 희망한다면 실무면접에서 좋은 평가를 받을 수 없기 때문이다.

따라서 취업에 성공하기 위해서는

1단계로 미래성장 산업분야를 탐색하여 선택한 후,

2단계에서 적성과 인성에 적합한 취업희망 직무분야를 선정하고

3단계에서 취업희망 직무(조직)분야의 실무능력을 개발하여 취업
경쟁력을 향상 시켜야 한다.

끝으로 본서의 저술목적에 부합되는 학습방법 선택으로 독자들의 학습목적이 성취되기를 기원한다.

감사합니다.

2018. 6. 28

대표저자 편 창 규

- 목 차 -

Ⅰ. 산업환경 변화와 기업인재상

1. 산업환경 ·· 11
   1.1 산업환경 변화 ·· 11
      가. 연대별 국내 산업성장 동향 ·· 11
      나. 산업성장 패러다임 변화 ·· 12
   1.2 인적자원변화 ·· 14
      가. 인적자원관리 ·· 14
      나. 인적자원모집 ·· 14
      다. 인적자원관리 환경 ·· 14
   1.3 인력관리 패러다임 변화 ·· 15
      가. 글로벌 인재육성 ·· 15
      나. 직무역량 전문화 관리 ·· 16
2. 기업인재상 ·· 16
   2.1 대기업 인재상 ·· 17
   2.2 중소기업 인재상 ·· 17
   2.3 기업인재상 관리모델 ·· 17
3. 직무역량관리 ·· 18
   3.1 기업정보관리 ·· 19
      가. 기초정보 ·· 19
      나. 경영정보 ·· 19

목 차

      다. 직무정보 ··· 19
   3.2 자기점검관리 ·· 19
      가. 직무선호도 ··· 19
      나. 직무역량 ··· 20
      다. 기업적합도 ··· 20
   3.3 직무역량관리 ·· 20
      가. 목표직무 요건 준비 ······························ 20
      나. 직무기초능력 학습 ······························ 20
   3.4 자기 이미지 관리 ····································· 21
4. 학습내용 평가 ··· 22

Ⅱ. 조직기능과 편재직무

1. 조직기능과 구조 ··· 23
   1.1 조직기능 ·· 23
   1.2 조직구조 ·· 24
2. 조직의 직무편재 ··· 26
   2.1 표준직무 편재 ·· 26
      가. 편재직무 특성과 역할 ························ 27
      나. 표준직무 편재내용 ······························ 29
3. 학습내용 평가 ··· 30

Ⅲ. 직무수행능력 관리

1. 직무수행요건 ··· 33

1.1 직무가치 ··· 33
1.2 직무지식과 실무능력 ·· 34
　　가. 직무지식관리 ··· 34
　　나. 실무능력 관리 ·· 35
　　다. 업무역량과 업무 행동관리 ································· 35
1.3 조직몰입도 관리 ·· 36
　　가. 조직몰입도 관리항목 ··· 36
　　나. 조직몰입도 영향요인 ··· 37
2. 직무능력 학습 ·· 40
3. 학습내용 평가 ·· 41

Ⅳ. 핵심직무 실무능력개발

1. 소비시장 분석 직무 ·· 45
1.1 시장환경 분석 ··· 45
1.2 시장특성 분석 ··· 47
1.3 시장구조 분석 ··· 48
1.4 시장규모 예측 ··· 50
2. 소비자 행동분석 직무 ·· 52
2.1 의사결정 영향요인 ·· 52
2.2 구매 의사결정 행동 ·· 53
2.3 구매행동 ··· 56
3. 목표고객 발굴 직무 ·· 58
3.1 표적시장 세분화 ··· 58

목 차

3.2 목표고객 발굴 ··· 59
4. 세일즈관리 직무 ··· 60
   4.1 고객 상담준비 ·· 60
   4.2 세일즈 실행 ·· 61
   4.3 세일즈 목표관리 ·· 64
5. 서비스관리 직무 ··· 67
   5.1 제품 서비스관리 ·· 67
   5.2 서비스 경로관리 ·· 68
   5.3 서비스 만족도 관리 ··· 69
6. 고객관계관리 직무 ··· 70
   6.1 관계관리 방향 설정 ··· 70
   6.2 고객정보 시스템 구축 ··· 71
   6.3 고객 모니터링 관리 ··· 72
7. 학습내용 평가 ··· 74

Ⅴ. 조직행동과 직무적성관리

1. 조직행동관리 ··· 81
   1.1 직무적응력 관리 ·· 81
      가. 직무적응력 개발 ··· 81
      나. 직무적응력 향상과제 ··· 82
      다. 계층별 직무적응력 ··· 82
      라. 핵심직무 적응력 관리 ·· 84
   1.2 업무동기관리 ··· 84

2. 직무적성관리 ·· 88
3. 학습내용 평가 ·· 90

Ⅵ. 학습내용 평가

1. 학습내용 평가관리 ·· 93
2. 평가결과 활용 ··· 94
3. 학습내용 평가 정답 ·· 95

Ⅰ. 산업환경 변화와 기업인재상

1. 산업환경

1.1 산업환경과 변화
□ 산업성장성과 라이프사이클 및 경영패러다임 변화에 따라 새로운 직업이 분화되면서 채용분야 및 규모가 결정되어 왔음

가. 연대별 국내 산업성장 동향
□ 1980년대 기초소재 산업성장
- 경공업, 기계, 철강, 전기, 화학, 건축, 토목 산업 발달

□ 1990년대 기술집약적 산업성장
- 중화학, 정밀기계, 석유화학, 금속가공, 조선, 전자, 전기, 가전, 건설플랜트, 자동차 산업 발달

□ 2000년대 지식집약적 산업성장
- 서비스, 정보통신, 반도체, 사회·문화·예술, 금융·보험 산업 발달

□ 2010년대 IT기반의 정보네트워크 산업성장
- 신소재, 게임 및 연예오락, 기술 융·복합, 생명공학, 항공, 에너지, 지식기반 서비스산업 발달

□ 2020년대 인공지능 테크놀로지 산업성장
- 생명공학, 로봇, 우주항공, 개인 서비스산업 성장 예측

나. 산업성장 패러다임 변화

□ 산업기술의 발전과 소비자 생활패턴의 다양화에 따라 사업관리 역할의 다원화가 추진되고 있음

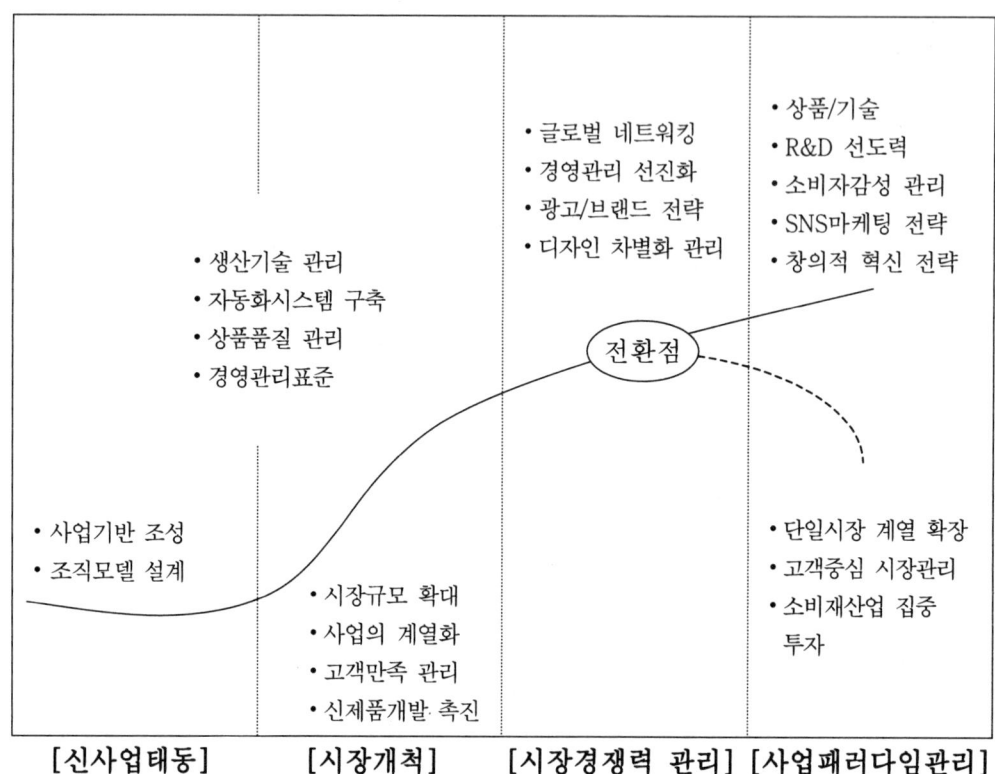

[신사업태동]   [시장개척]   [시장경쟁력 관리]   [사업패러다임관리]

산업환경

- 글로벌 경제시스템의 지식기반사회 발달
- 신산업의 창조와 성장사업의 확장
- 새로운 사업모델과 경영자원의 다차원화
- 사업의 계열화와 전문화 촉진
- 산업성장 사이클 단축과 사회문화의 변화

Ⅰ. 산업환경 변화와 기업인재상

□ 미래 성장산업 예측
- 산업성장 패러다임에 따라 신산업이 태동하거나 새로운 산업으로 분화되어 인적자원 시장이 확장되고 있음

[미래 성장산업 분야]

구분		사업분야	
미래지식 서비스 산업	지식정보 서비스 산업	• 원격의료 서비스 • 질병정보 시스템 • 안전재난 방재산업	• 디지털 콘텐츠 • 전문직 서비스
	생산기반 서비스 산업	• 연구 엔지니어링 • 광고 및 디자인 • 지능형 종합물류	• 나노정밀 산업 • 신기능 복합소재 • 정밀화학 소재
성장 잠재력 서비스 산업	문화관광 서비스 산업	• 문화·관광 콘텐츠 • 오락·게임 산업 • 섬유패션 산업	• 항공레저 산업 • 관광산업
	생명과학 서비스 산업	• 신재생 에너지 • 친환경 기술산업 • 인공지능형 로봇	• 바이오 신약사업 • 인지 뇌과학 • 수자원 산업
	미래성장 서비스 산업	• 정보통신 기기 • 전자의료 기기 • 수소에너지 기술	• 항공우주 산업 • 산업용로봇 산업
미래유망 직업	25년 미래산업 (유엔미래보고서)	• 최고경영 관리자 • 브레인 퀀트 • 오피스프로드스 • 디지털 고고학 • 기억수술 전문의 • 인공지능 서비스	• 임종설계사 • 유전자 상담사 • 거래 중개인 • 결혼·동거 상담 • 탄소배출권 • 수소연료 전지

1.2 인적자원 변화

가. 인적자원 관리

□ 산업성장 패러다임의 변화와 지식기반 사회발달에 따라 인적자원의 역량 전문화를 추진함

- 핵심역량 직무중심 우수 인재상 정립과 육성
- 소수정예 글로벌 인재채용과 융·복합 인재 육성
- 성과중심 처우·보상과 인적자원 관리
- 직무분야별 상시 경력직 채용과 직무능력 적합성 평가

나. 인적자원 모집

□ 산업환경과 인적자원 관리 방법에 따라 채용방법이 지속적으로 변화되어 왔음

[연대별 인력수급 방법]

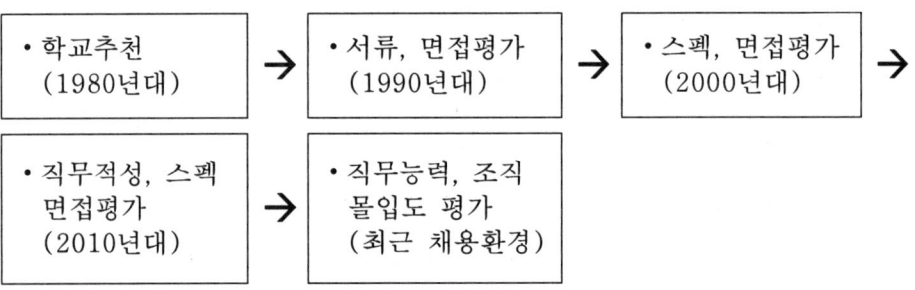

다. 인적자원 관리환경

□ 직무능력 중심의 자원관리

- 직무적응력을 중시하며 직무수행요건 적합성 평가

- 조직적응력을 중시하며 직무적성과 인성평가
□ 성과중심 인력관리
- 조직목표 실현 직무능력과 조직행동 및 업무성과 평가
- 직무가치 중심의 업무성과와 역할실행력 평가
□ 인적자원 육성관리
- 우수인재 설정 및 인적자원 경력관리
- 핵심직무 전문가 육성과 교육훈련 관리

1.3 인력관리 패러다임 변화

가. 글로벌 인재육성

□ 직업의 가치관이 평생직장 개념에서 평생직업 개념으로 변화되면서 직업계열화와 직무능력 전문화가 추진되고 있음
- 개인중심 성향으로 인해 인적자원 활용에 중점을 두는 경향을 나타냄
- 장기비전과 성장전략에 부합하는 기업 인재상 구축과 인적자원 육성방향 설정
- 글로벌 인재채용으로 직무역량의 다원화와 직무능력개발 선택과 집중화 관리
  - 전문지식과 숙련된 사업기획 및 전략운영능력 개발
  - 기초지식과 전문화된 업무성과 관리능력 개발
  - 표준직무 이해와 업무시스템 운영능력 개발
- 신입사원 직무 부적응과 조기 퇴직자 관리를 위한 기업 인재상 적합도와 조직몰입도 수준 평가

Ⅰ. 산업환경 변화와 기업인재상

나. 직무역량 전문화 관리

- ☐ 직무속성 학습
  - 직무종류, 직무가치, 직무목표와 성과, 직무수행방법 학습
- ☐ 직무능력개발
  - 전문지식, 기초지식, 실행방법 숙련, 업무몰입행동, 업무동기
- ☐ 업무프로세스 운영능력 개발
  - 업무시스템, 업무네트워크, 업무권한과 책임, 업무통제 및 조정 방법

2. 기업 인재상

- ☐ 산업환경 변화에 따른 경쟁력 제고와 우수한 인적자원 육성방향을 설정하기 위해 인재상을 정립하고 채용, 직무순환, 교육 및 훈련, 경력개발 제도에 연계시켜 전문 인력 육성체계를 확립함
  - 경쟁 심화에 따른 비전과 미션, 전략추진 인재상 정립
  - 전사적 경영방침 공유를 통한 조직목표의식 고양과 조직몰입 동기부여
  - 사업부문별 적합한 인재상 제시 및 육성으로 사업전략 실행력과 업무목표 성과 향상
  - 미래 핵심 전문 인력 육성·관리로 사업경쟁력 향상과 안정적인 성장기반 조성하여 신사업 추진력 확충

- 인재상의 구체적 실현을 위한 조직가치, 변화과제, 개인역할의 수준과 관리방향을 설정

2.1 대기업 인재상

□ 기업성장을 위한 인적자원 역량 전문화에 목표를 둠
- 창조적 사고와 열린 사고력으로 시장중심의 도전적인 마인드 형성
- 글로벌 환경 적응력과 직무역량 전문화 인재
- 적극적이고 진취적이며 새로운 환경에 도전적인 전문 인력육성
- 다양한 업무에 충실하며 강한 승부근성으로 기업성장을 견인하는 리더십 관리

2.2 중소기업 인재상

□ 다양한 현장경험을 바탕으로 조직운영 및 사업성과 관리 전문화를 촉진함
- 핵심인력 리더십 배양과 현장중심 과제 수행능력 향상
- 다양한 현장실무의 전문화와 숙련업무 성과관리 능력개발
- 미래 경영환경 적응능력 개발과 인적자원 관리
- 사업분야별 직무역량과 사업 수행요건 설정 및 핵심인력 육성 방안 설정

2.3 기업인재상 관리모델

□ 사업부문별 핵심직무가치 수준과 업무성과 관리목표에 따라 인적

I. 산업환경 변화와 기업인재상

자원 육성관리
- 장기비전과 성장전략에 부합하는 인재상 표출
  - 전문성, 창조성, 탁월성, 도전성, 도덕성 관리
- 기업의 존립과 성장기반 및 인재상 구축
  - 경영전략과 목표달성, 지속성장성과 전문능력 관리
- 직무가치 생산과 사회적 책임감 고취
  - 기업가치, 고객가치, 사회가치, 조직가치, 개인가치의 실현
  - 변화와 혁신, 학습과 성장성 관리

기업이 추구하는 인재상

- 직무수행 전문능력을 갖추고 지속적으로 자기개발을 실행하며 글로벌 경영을 리드하면서 창의적인 방법으로 경영목표를 실현하는 사람

---

3. 직무역량 관리

□ 역량은 삶의 패턴을 관리하는 역할이며 미래지향적이고 가치 중심적이며 업무성과와 연계되므로 선택이 중요함
- 내가 선호하고 자신의 삶을 보람되게 하는 직무분야
- 나를 인정하고 우수한 인재로 성장시켜줄 기업
- 시장경쟁력을 갖추고 지속적으로 성장·발전하는 기업
- 사업분야 다원화로 산업 라이프사이클 변화에 탄력성이 큰 기업

● 창의적이고 혁신적인 기업문화로 산업발전을 견인하는 기업

3.1 기업정보 관리

가. 기초정보

□ 업종, 사업분야, 규모, 형태, 산업 및 시장환경, 경쟁력, 성장성, 수익성, 안정성 측면의 기업평가 정보

나. 경영정보

□ 기업비전과 사업전략, 경영목표, 경영성과, 기업문화, 조직모델과 구조, 채용분야, 기업 인재상, 채용방법, 사회공헌 역할과 사회적 이미지

다. 직무정보

□ 표준직무, 직무수행요건, 직무가치, 핵심역량, 업무시스템과 프로세스, 업무역할, 업무행동, 적성과 인성, 업무동기, 조직몰입행동

3.2 자기점검 관리

가. 직무선호도

□ 직무이해도, 전공분야 연관성, 직무능력 수용력, 적성과 인성의 일치성, 미래직업 안정성

Ⅰ. 산업환경 변화와 기업인재상

나. 직무역량

□ 기초지식, 전문지식, 전문성, 실무능력, 실무경험, 교육이수

다. 기업 적합도

□ 경영이념과 철학, 기업문화, 기업 인재상, 인적자원관리 제도

3.3 직무역량 관리

가. 목표직무 요건 준비

□ 실무능력, 전문성, 성실성, 주인의식, 목표추진력, 창의성, 도전정신, 위기대처 능력

나. 직무기초능력 학습

□ 표준직무 이해를 통해 직무역량 관리 로드맵 설정
- 역량개발 희망 직무분야 선택
- 직무수행능력 수준평가 및 역량개발과제 선정

□ 직무지식과 실행능력 개발
- 직무지식, 직무경험, 직무가치, 업무프로세스와 시스템 운영방법, 업무방법, 업무역할, 업무성과, 업무생산성 향상방법 학습

□ 직무적응력과 직무적성 개발
- 직업의식, 업무스킬, 직무적성, 성과추진력, 업무동기, 정보분석력, 리더십, 문제해결력, 조직적응력 개발

3.4 자기 이미지 관리

□ 직무능력 함양과 조직적응력 최적화 이미지 관리
- 선택된 직무분야와 직업적성에 연계되는 이력성 내용
- 전문지식과 기초지식 및 경험능력 구성에 부합하는 사실적 내용 작성
- 작성내용의 일관성과 사실적인 연계성, 문장체계의 통일성과 표준화
    - 면접 시 복장과 자세 등 매너관리
    - 기업 경영이념과 철학, 사업분야, 시장환경, 기업문화, 전문지식과 가치관

I. 산업환경 변화와 기업인재상

4. 학습내용 평가

문1. 산업성장 패러다임에서 사업관리의 다원화가 추진되는 전환기 는 어느 시기 입니까?
　　① 신 사업태동기　　② 시장개척기　　③ 시장경쟁력 관리시기
　　④ 사업패러다임 관리 시기　　⑤ 사업철수 및 구조 조정기

문2. 사업관리의 다원화 및 전환기에서 추진되는 역할로 적정한 것은 무엇입니까?
　　① 사업관리 기반조성　　② 경영관리 표준화 추진
　　③ 글로벌 네트워킹 실행　　④ 창의적 혁신전략 수행
　　⑤ 고객만족도 관리

문3. 미래성장 잠재력이 큰 산업으로 분류되지 않는 산업분야는 무엇입니까?
　　① 문화관광 서비스 산업　　② 생명과학 서비스 산업
　　③ 지식정보 서비스 산업　　④ 기술집약적 중화학 산업
　　⑤ 인공지능 서비스 산업

문4. 미래성장 산업에서 추구하는 인적자원 관리 방향이 아닌 것은 무엇입니까?
　　① 우수 인재상 정립과 육성　　② 사업의 계열화와 전문화 추진
　　③ 글로벌 환경의 융·복합인재 육성
　　④ 성과중심의 처우·보상제도 운영
　　⑤ 핵심분야 직무능력 적합성 관리

문5. 통상적인 관점에서 대기업의 목표 인재가 지향하는 과제가 아닌 것은 무엇 입니까?
　　① 리더십 배양과 현장 중심의 직무능력개발
　　② 창조적 사고와 시장 중심의 도전의식
　　③ 글로벌 환경 적응력과 직무역량 전문화
　　④ 진취적이고 도전적인 전문역량 개발
　　⑤ 직무 충실성과 기업성장 견인 리더십

문6. 통상적인 관점에서 중소기업에서 지향하는 인적자원 관리 방향은 무엇입니까?
　　① 핵심 직무가치 중심의 성과관리
　　② 장기비전과 전략실행 인력육성
　　③ 사회적 책임감 고취와 고객가치 지향
　　④ 실무능력 다원화와 성과중심 목표관리
　　⑤ 기업가치 실현의 변화와 혁신관리

문7. 기업의 우수인재로 성장하기 위한 직무역량 개발 및 전문화 방법이 아닌 내용은 무엇 입니까?
　　① 표준직무수행요건 학습　　② 팀 직무지식과 실행능력 개발
　　③ 업무적응력과 직무적성 개발　　④ 경력관리 및 자기학습프로그램 운영
　　⑤ 기업경영정보와 경영방침 이해

II. 조직기능과 편재직무

1. 조직기능과 구조

1.1 조직기능

□ 고객관리 직무분야의 기본역할은 거래고객 및 잠재고객을 대상으로 기업과 제품 정보 및 이미지를 지속적으로 전달하면서 기업과 고객 사이에 상호 동반자적인 관계를 형성하여 기업발전과 사업성장의 촉매제 역할이 수행되도록 함

□ 고객관리 대상은 협의적 관점의 구매고객 및 잠재적 소비자가 해당되고, 광의적 측면은 소비자, 물류·유통채널, 제품 및 서비스 생산자(기업 조직원, 외주가공 기업)가 포함됨

- 광의적 측면의 유통채널과 제품생산자는 상징적인 고객으로 영업방침과 영업계획을 공유하면서 이미지 생성과 커뮤니티 역할을 수행함
- 협의적 관점의 소비자는 구매의사결정에 필요한 정보, 가치, 만족도를 지향하며 충족도가 클수록 지속적인 관계 형성을 추구함
- 고객관리과제는 정보제공(기업, 제품, 기술, 서비스, 가격), 욕구충족(가치, 이미지, 서비스, 만족도), 관계형성(유대감, 차별성, 우선권, 지속성)을 도모하는 것임

Ⅱ. 조직기능과 편재직무

□ 조직역할
- 고객관계관리
  - 고객과 상호의존적인 관계를 형성하여 고객정보관리, 고객서비스 관리, 고객만족도 관리, 마케팅 촉진활동을 함
  - 고객 불만관리, 서비스 전문화, 품질보증활동, 고객모니터링 관리를 함
- 고객홍보 관리
  - 고객 또는 잠재고객을 대상으로 제품과 서비스 정보제공, 기업과 제품 이미지 홍보, 고객 및 이해관계자 요구도 충족, 마케팅전략 개발 역할을 실행함
- 고객만족도 관리
  - 고객요구도 충족과 만족도 향상을 위한 서비스(기술, 정보, 역할, 이미지)개발과 기대가치(희소성, 지속성, 교환성)를 관리하여 시장 경쟁력을 향상시킴

1.2 조직구조

□ 기업조직은 경영목적을 수행하기 위해 업무분야별 업무처리 기구를 계통적으로 편성된 구성단위
- 조직구분은 사업범위에 따라 직종별로 분류되고 업무역할에 따라 직렬별로 구분하여 계열화 및 전문화시킴

□ 직종
- 최상의 조직구조에 위치하는 사업분야의 분류단위로 관리, 영업, 생산으로 구성

Ⅱ. 조직기능과 편재직무

□ 직렬

- 직종의 하위조직 분류 단위이며 사업역할별로 분류함
    - 관리직종
        기획, 경영관리, 재무회계, 조달직렬
    - 영업직종
        영업, 제품개발, 마케팅전략, 유통·서비스 직렬
        · 고객관리는 영업관리 직렬에 편제되는 업무실행 조직
    - 생산직종
        연구, 생산기술직, 생산관리, 품질관리 직렬

□ 팀

- 직렬의 하위조직 단위로서 업무방법에 따라 구분되며 조직성과 관리 및 채용관리 기준이 됨

[고객관리 조직 포지션]

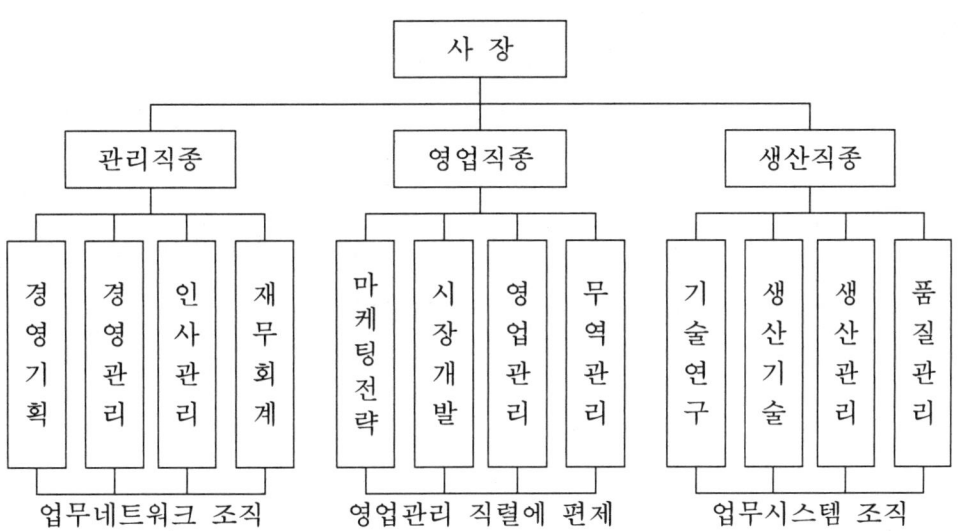

□ 업무시스템
  • 단위업무별로 단일목표의 성과관리를 위해 연관된 공통적인 역할을 수행하여 목표를 실현하는 업무패턴
□ 업무네트워크
  • 단일목표로 수행되는 업무패턴에 이해관계가 형성될 경우 영향력의 크기에 따라 정보공유와 협력 체계가 이루어짐

2. 조직의 직무편재

2.1 표준직무 편재

□ 조직별로 편재되는 표준직무는 경영목표관리와 사업성과 달성에 필요한 임무와 이를 실행하는 일로 구성됨. 즉, 기업의 경영목표 달성을 위해 조직별로 할당된 임무를 실행하는데 필요한 과제·일·역할을 업무방법별로 계열화시킨 내용이 표준직무임

□ 즉 표준직무는 조직별로 구성된 "일"의 전체내용으로 목표달성과 임무수행에 필요한 지식, 능력, 경험, 행동이 포함되며, 목표와 역할의 중요도에 따라 직무가치를 설정하여 상대적인 수준차이에 따라 역할의 방향과 우선순위가 설정됨

[표준직무 편재 요건]

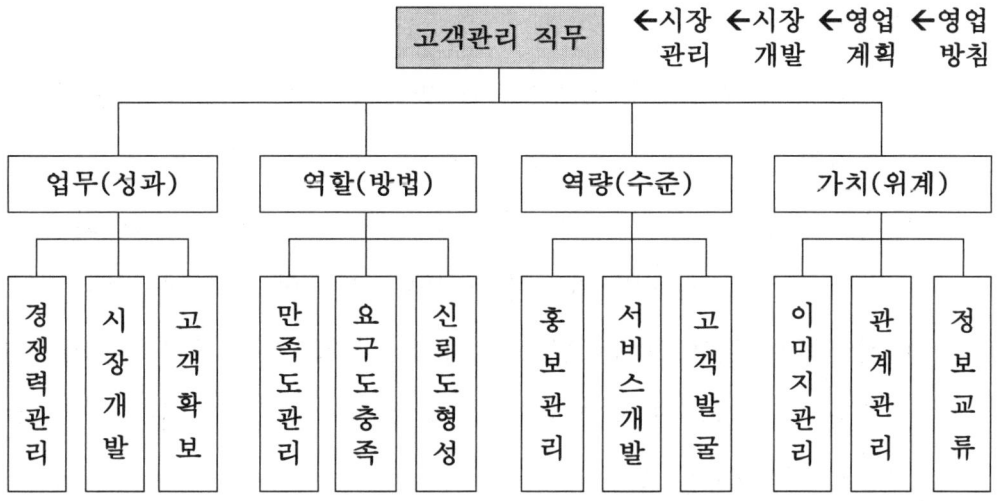

□ 고객관리 조직의 표준직무는 거래고객 및 잠재고객의 요구도 관리, 품질보증활동, 클레임처리(원인탐색, 문제점 해결, 사후관리), 만족도 관리 활동을 위한 정보관리, 관계관리, 서비스관리 역할을 수행

가. 편재직무 특성과 역할

□ 직무특성

- 고객과 기업의 동반자 관계를 형성하여 제품정보 제공, 고객서비스와 기업이미지 관리, 잠재고객 발굴과 기업성장성을 관리함
- 고객과 기업의 정보네트워크 구축으로 소비자 요구도 탐색과 욕구충족 방법 설정, 기업문화와 서비스 개발, 서비스 품질개선과 고객만족도 관리 역할을 수행
- 고객관계관리를 통해 기업정보와 고객정보의 교류, 마케팅전략

의 차별화, 기업이미지 구축과 제품신뢰도 향상을 관리함

□ 핵심역할
- 기업 마케팅전략과 영업방침의 변화에 따른 기업과 제품인지도 관리와 고객트랜드(요구도, 선호도, 만족도) 예측
- 유통트랜드(유통망 확대, 유통기관 다양화, 유통경로)변화에 의한 고객별 촉진전략(차별화, 세분화, 전문화, 다양화) 관리
- 시장경쟁 트랜드(글로벌화, 점유율, 성장성, 경쟁력, 서비스)예측과 성장잠재력 분석으로 제품개발(신제품, 신기술, 신기능, 뉴 디자인)방향 설정

□ 전략과제

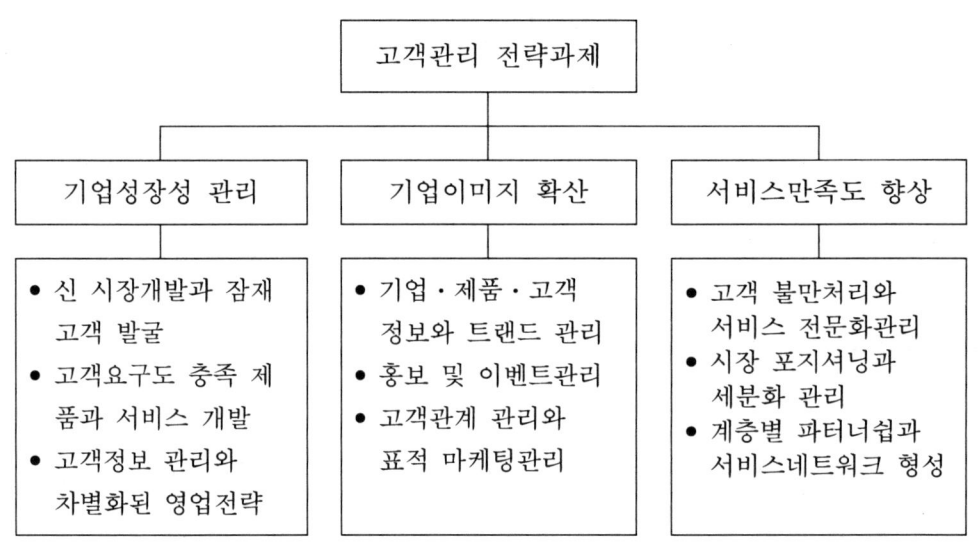

나. 표준직무 편재내용

[고객관리 조직 편재직무]

표준직무		직무수행능력		
직무	세부직무	실무능력	전문지식	업무행동
고객 관리 계획	•고객관리 방침수립 및 계획 •대외 클레임 발생 대응방안 수립 •품질보증 및 A/S 시스템 관리	•제품특성과 기능 이해 •제품품질 규격과 관리 기준 이해 •고객만족 경영혁신 관리	•제품 생산공정 및 생산기술 이해 •품질관리 및 검사 실무 •품질관리시스템 구축	•관리력 •정보력 •분석력 •리더십 •판단력 •추진력
고객 정보 관리	•고객정보 DB관리 •고객요구파악 및 정보네트워크 관리 •고객관계관리 시스템 구축	•고객 DB데이터 분석 •고객요구도 관리 시스템 구축 •고객정보지원 및 관리 체계 정비	•고객관리 규정 과 지침설계 •고객만족도 사례관리 •고객관계관리 방법	•정보력 •분석력 •탐색력 •실행력 •관리력
고객 만족도 관리	•고객관리 서비스 조직문화 구현 •고객서비스 이행표준관리 •고객만족도 관리 프로세스 구축 •기업 및 상품이미지 조사·분석 •전사 고객대응기법 교육	•고객만족도 관리 전략 운영 •고객정보관리 프로세스 개발 •고객정보 조사·평가	•조직원 CS역량 강화관리 •CS 전략설계 •고객만족도 조사 분석 •고객상담 매뉴얼 개발	•판단력 •상담력 •분석력 •협동성 •분석력 •리더십 •목표성
제품 서비스 관리	•제품 클레임내용 원인조사 •문제점 해결방안 관리 •고객 불만요인 피드백 및 개선 관리(영업, 생산, 품질) •생산기술 및 제품품질 정보제공 및 홍보	•고객 불만처리 방법 •품질관리 기본 매뉴얼숙지 •클레임 원인분석 및 결과 조치방법 이해 •제품생산기술 및 표준화 지식	•생산공정 관리 지식 •제품 개발 지식 •제품 기술개발 정보조사·분석	•책임감 •설득력 •조정력 •탐색력 •분석력 •추진성 •목표성

Ⅱ. 조직기능과 편재직무

3. 학습내용 평가

문1. 조직(부서)운영에 직접적인 영향을 미치는 요인이 아닌 것은 무엇입니까?
 ① 글로벌 시장 환경　　　　② 경쟁기업 제품정보
 ③ 기업의 사회적 책임활동　　④ 소비시장과 유통채널
 ⑤ 소비자 구매의사결정행동

문2. 고객관리 조직(부서)은 어느 직종에 분류되어 조직목표와 성과관리 역할을 수행합니까?
 ① 기획직종　　② 관리직종　　③ 영업직종
 ④ 생산직종　　⑤ 개발직종

문3. 일반적으로 조직(분야, 규모)분류 단위가 적정한 것은 어느 항목입니까?
 ① 직종>직렬>직군>부서　　② 직군>직종>직렬>부서
 ③ 직군>직렬>직종>부서　　④ 직렬>직종>부서>직군
 ⑤ 직군>직렬>직종>부서

문4. 고객관리 조직(부서)에서 중점적으로 수행하는 직무역할이 아닌 것은 무엇입니까?
 ① 고객정보 관리　　② 고객서비스 관리
 ③ 고객만족도 관리　　④ 고객요구 품질 설계
 ⑤ 고객 불만관리

문5. 일반적으로 사업 성과관리에 목표를 두고 운영되는 조직(부서)의 그룹은 어느 것입니까?
 ① 경영기획, 영업관리, 품질관리　　② 경영기획, 마케팅전략, 기술개발
 ③ 영업관리, 시장개발, 고객관리　　④ 경영기획, 마케팅전략, 고객관리
 ⑤ 기술연구, 시장개발, 생산관리

문6. 고객관리 조직에서 지향하는 업무성과관리 과제가 아닌 것은 무엇입니까?

  ① 시장경쟁력 관리　　② 시장개발 관리
  ③ 고객발굴 관리　　④ 고객관계 관리
  ⑤ 경영자원 관리

문7. 일반적으로 고객관리 조직에 편재되는 표준직무가 아닌 것은 무엇입니까?

  ① 고객관리 방침수립　　② 고객정보 DB관리
  ③ 고객만족도 관리　　④ 사업예산 심사 조정
  ⑤ 제품서비스 관리

문8. 일반적으로 조직(부서) 이기주의가 심한 기업의 경영목표관리 방법으로 적정한 것은 무엇입니까?

  ① 탑다운(Top Down) 방법의 목표과제 할당
  ② 보텀업(Bottom Up) 방식의 목표과제 선정
  ③ 탑다운(Top Down) 방법과 보텀업(Bottom Up) 방식의 병행
  ④ 사업 부문(직종, 직렬)별로 책임경영(관리) 방식의 목표설정
  ⑤ 제안공모제 방법에 의한 목표과제 설정

문9. 책임과 권한이 합리적으로 배분되어 운영되는 조직(부서)에서 일반적인 경영목표관리 방법으로 적정한 것은 무엇입니까?

  ① 탑다운(Top Down) 방법의 목표과제 할당
  ② 보텀업(Bottom Up) 방식의 목표과제 선정
  ③ 탑다운(Top Down) 방법과 보텀업(Bottom Up) 방식의 병행
  ④ 사업 부문(직종, 직렬)별로 책임경영(관리) 방식의 목표설정
  ⑤ 제안공모제 방법에 의한 목표과제 설정

Ⅲ. 직무수행능력 관리

1. 직무수행요건

□ 표준직무 수행요건이란 조직별로 편재된 직무를 수행하는데 필요한 실무능력과 필요지식, 직무적성 요인으로 구성되며 직무가치에 따라 역량의 수준이 결정됨
- 직무수행요건은 표준직무 내용에 근거하여 설정되며, 인사관리 조직의 직무수행요건은 전절(Ⅱ) 2.1에 구성되어 있으며 해당분야 직무 이해와 직무지식과 실무능력이 숙지되어야 함

1.1 직무가치

□ 직무별로 지향하는 목표의 절대적 가치수준과 성과달성에 필요한 역할과 요구능력의 상대적인 중요도 수준을 지수화 시켜 측정한 데이터로 핵심역량 및 중점직무 분류기준으로 활용됨
- 직무가치를 포괄적인 개념으로 확장하여 직무역량으로 지칭하는 경우도 있으나 직무가치는 직무가 지향하는 목표와 성과의 경제적 가치수준에 중점을 두는 반면, 직무역량은 요구되는 직무능력과 업무행동 요인의 상대적인 충족수준으로 분류되는 개념임
- 직무별로 측정되는 직무가치는 값의 크기에 따라 등급별(1등급

Ⅲ. 직무수행능력 관리

　　　직무부터 6등급 직무)로 구분한 후, 1·2등급 직무는 핵심직무, 3·4등급 직무는 중점직무, 5·6등급 직무는 일상직무로 분류하여 업무방법과 업무역할을 설정함
- 측정된 직무가치는 수준별로 인적자원을 관리하며, 핵심직무는 차·부장직급이 담당하는 직무로 분류되고, 중점직무는 과장·대리직급 담당직무, 일상직무는 사원직급이 수행하는 직무로 설정됨

1.2 직무지식과 실무능력

가. 직무지식관리

□ 고객관리 직무는 고객정보 네트워크 구축과 DB관리, 잠재고객 발굴, 고객요구도 조사와 고객관계관리 시스템 구축, 고객서비스와 만족도 관리를 위한 지식을 개발함
- 마케팅조사·분석론
- 소비자행동이론
- 서비스방법론
- 커뮤니케이션 이론
- 광고·홍보이론
- 기업문화론
- 기업이미지 관리론
    - 고객관계관리
    - 고객만족도 관리
    - 고객서비스 관리

나. 실무능력 관리

□ 거래고객 및 잠재고객과 지속적인 관계를 유지하면서 정보공유, 이미지 학습, 서비스 차별화, 만족도 관리, 판매촉진 활동을 실행함

- 이러한 역할을 위해 영업방침과 영업목표 이해, 시장과 고객정보 수집 및 분석능력, 고객정보(신상, 요구도, 선호도, 인지도) DB구축 및 네트워크관리 방법, 고객만족도 및 서비스관리 방법의 학습이 필요함
  - 잠재고객 발굴과 홍보지원관리
  - 기업 및 제품 인지도 조사·분석
  - 목표관리 방침설정과 조정관리
  - 소비자 구매의사결정행동 이해
  - 고객 불만처리와 만족도 관리방법

다. 업무역량과 업무 행동관리

□ 고객과 기업 정보시스템 구축, 고객요구도 탐색과 욕구충족 역할수행, 고객지향적인 서비스와 만족도 관리, 기업이미지와 제품신뢰도 관리를 위해서는 적합한 자질과 태도를 갖추어야 함

□ 업무역량 개발
- 체계적인 정보력과 탐색적인 분석력
- 논리적인 판단력과 목표지향의 추진력
- 역할에 대한 책임감과 업무사명감
- 업무시스템 적응력과 상황판단력

Ⅲ. 직무수행능력 관리

☐ 업무 행동관리
- 이해력과 실행력
- 통제력과 조정력
- 성실성과 책임감
- 커뮤니케이션과 리더십

1.3 조직몰입도 관리

☐ 조직몰입도는 조직과 직무역할에 대해 개인의 감정을 반영하는 태도로서 이직률, 결근율, 업무성과, 업무행동, 업무동기에 영향을 미치는 중요한 변수임
- 조직몰입도는 직무수행요건에 따라 조직역할의 자율성, 다양성, 정체성, 업무시스템 운영에 영향을 미치는 중요한 관리내용으로 인적자원관리 척도로 활용됨

가. 조직몰입도 관리항목

☐ 조직몰입도는 직무별로 요구되는 패턴이 다르나 공통적으로 고객가치지향, 조직활성화, 업무능력 제고, 업무혁신형으로 구분하여 영향요인별로 적정성 수준을 관리함

[조직몰입도 관리과제]

조직몰입도	관리항목
조직목표추구형	• 리더십 역량, 의사결정능력, 제도 및 시스템 운영방법, 기업과 조직 귀속성이 높음
욕구성취형	• 팀워크, 업무행동 진중성, 역할의 신뢰관계, 목표집중성이 높음
고객가치 지향형	• 지시·명령 이행력, 부서간 협력, 고객 서비스, 표준직무 관리, 기업귀속성이 높음
조직활성화형	• 목표·방침·계획 이해력, 역할의 통제·조정력, 조직분위기 고취, 기업귀속성이 높음
업무능력 제고형	• 능력개발 지향, 성과 및 능력 평가관리, 업무태도 활성화, 일의 집중력을 향상시킴
업무혁신형	• 리더십 역량, 부서간 협력, 조직문화 귀속력, 일의 집중력이 높음

나. 조직몰입도 영향요인

□ 조직몰입도를 관리하여 업무추진력과 성과 향상, 팀워크 향상, 업무역량 전문화를 관리함

III. 직무수행능력 관리

[조직몰입행동 관리]

업무행동	업무역할	몰입행동
업무 추진력	리더십	• 조직목표 과제이해와 업무성과관리, 업무방법 지도 및 멘토링 관리와 조직 그룹 활동을 강화시킴
	의사결정 능력	• 경영전략과 경영방침의 이해와 목표관리 방향 설정 및 문제 현안에 대한 의견토론과 의견수렴, 지시·전달 체계의 확립과 공동체 의식을 고취시켜 실행 과제를 정립·관리함
	업무시스템 체계화	• 업무규정과 규칙 및 인사제도의 재정비, 인적자원 관리방법 선진화를 지향함
	지시·명령 체계 확립	• 업무권한과 책임범위 명확화, 위임·전결관리 기준을 준수하면서 인간관계의 조력역할과 업무성과 중심의 역할을 수행하거나 조직문화 및 팀학습 프로그램을 활성화시켜 조직효율성을 향상시키면서 경영혁신 과제의 변화관리를 추진함
	통제·조정 역할	• 목표와 실행계획의 명확화, 업무프로세스와 업무방법 명료화, 권한과 책임구분과 리더십 역량강화, 업무 표준화와 시스템화를 통해 실현됨

업무행동	업무역할	몰입행동
업무 집중력	업무행동 집중화	• 업무책임감과 집중력을 향상시키고 조직적응력과 협동성을 관리하여 업무동기 활성화와 삶의 목표를 체계화함
	조직분위기 활성화	• 목표의식과 성과관리 책임강화, 업무자율성과 협동심 향상, 업무방법과 역할의 구체성, 성과와 능력중심의 처우·보상 관리, 경력관리 및 직무능력개발지원을 통해 실현됨
	일에 대한 집중력 향상	• 성장전략 개발과 직무능력 및 업무역량 관리, 업무 성과 지향성 향상, 직무표준관리와 업무생산성 관리를 통해 역량 전문화를 촉진함
	기업 귀속성 향상	• 기업성장성과 개인목표 연계성 관리, 직업안정성과 직무능력 전문성 관리, 업무성과 향상, 경력관리 지향

업무행동	업무역할	몰입행동
업무 협동성	팀워크 활성화	• 업무중심 결속력과 사람중심 융화력을 향상시켜 조직 및 업무분야별 책임과 권한의 명확화와 팀그룹 활동을 강화시킴
	조직 신뢰관계	• 그룹 활동의 적극적 참여와 조직 공동체 의식을 고취하여 정서적 일체감을 조성하고 업무가치관을 다원화시켜 포용력을 향상시킴
	조직협력 관리	• 업무표준관리와 업무프로세스 구축, 업무권한과 책임 명확화 및 조직 공동체 의식강화와 기업문화 관리를 통해 실현됨
	업무태도 활성화	• 조직목표와 성과관리 역할지향성에 따라 자기가치 중심화 성향을 설정하여 업무성과 지향적인 역할과 자기이미지 관리태도를 확립하여 업무동기를 강화함
	조직문화 및 기업이미지 활성화	• 기업의 경영이념, 경영전략 정립, 경영목표의 동질성 확립, 지역사회 문화가치 수용과 조직적 융화관리, 공식적·비공식적 사회공헌 활동과 기업이미지 강화 역할을 수행함

업무행동	업무역할	몰입행동
업무 목표력	표준직무 관리체계 확립	• 직무가치와 직무역량 수준관리, 직무수행요건 관리, 업무시스템 구축과 성과관리 체계확립을 통해 관리환경이 조성됨
	경영목표와 방침관리	• 비전과 경영이념 이해, 경영목표관리와 경영계획실행 기업문화 활성화를 통해 관리환경이 조성됨
	능력개발	• 삶의 목표와 비전이 확립되고 역량전문화 방향이 설정된 후 업무수행능력을 평가하고 능력개발 과제와 수준을 분류하여 교육연수 프로그램, 학점이수제 및 팀학습 과정을 활용하여 학습함
	업무역량 평가	• 업무성과관리와 우수한 인적자원으로 성장하기 위해 직무능력, 수행역할, 업무태도 평가, 직무적성과 적응력을 점검하여 역량개발 방향과 교육훈련 및 경력관리과제를 설정함
	커뮤니케이션 활성화	• 업무목표와 성과관리 역할의 지향과제를 설정하여 커뮤니케이션 메시지를 구축하고 정보시스템별로 공동체 의식을 함양시킴

2. 직무능력 학습

□ 고객관리 직무는 기업과 제품 인지도 향상을 위한 관계관리, 요구도 관리, 홍보관리, 욕구충족, 불만관리, 서비스 차별화, 만족도 관리 능력을 갖추어야 함
- 즉 고객 요구도와 불만관리를 위한 고객심리 이해와 구매의사 결정 행동분석 능력학습
- 고객관계관리와 홍보 및 서비스 차별화관리를 위한 제품 및 기술개발 정보조사·분석, 고객정보 교류네트워크 구축 능력 학습

[이론 및 실무지식 학습과제]

이론지식	실무지식
• 마케팅 이론과 통계학 지식 • 고객관계관리 시스템 이론 • 소비자 구매행동 이론 • 제품정보와 이미지 관리 • 생산기술과 품질표준화 지식	• 중장기 영업전략과 방침이해 • 고객만족도 관리 및 사례분석 • 고객정보관리 프로세스 구축 • 제품품질 및 서비스관리 방법 • 기업 및 제품이미지 홍보관리

□ 실무능력 학습방법
- 인턴학습
  - 고객관리 조직 및 유사분야(영업관리, 시장개발)실무학습
- 사례내용 학습
  - 공공기관 및 주요 서비스 기업의 고객관리 매뉴얼, 고객만족도 조사보고서, 고객 서비스관리 사례내용 자료를 활용

3. 학습내용 평가

문1. 조직에 편재된 표준직무의 수행요건(능력) 항목이 아닌 것은 무엇입니까?

① 직무지식　　　② 실무능력　　　③ 업무방법
④ 업무행동　　　⑤ 권한과 책임

문2. 조직에 편재된 표준직무가치를 적절하게 표현한 내용은 무엇입니까?

① 조직(부서)의 상대적인 중요도를 구분한 것
② 직무가 지향(내포되어 있는)하는 목표와 성과의 경제적 가치수준
③ 조직원들의 역할을 구분하기 위한 분류기준
④ 직무수행요건을 설정하기 위해 임의적으로 구분되는 분류단위
⑤ 계층별로 담당하는 역할을 구분하는 단위

문3. 표준직무 수행에 필요한 전문지식으로 분류되지 않는 내용은 무엇입니까?

① 소비시장 성장 사이클 분석　　② 소비자 구매의사결정행동 분석
③ 잠재고객 발굴과 요구도 분석　　④ 매출 불량채권 결손처리
⑤ 고객관계관리 시스템 구축

문4. 표준직무 수행에 필요한 실무능력으로 분류되지 않는 내용은 무엇입니까?

① 소비자시장 조사·분석　　② 수주제품 외주생산 발주관리
③ 잠재고객발굴과 홍보지원　　④ 고객관계 관리와 DB구축
⑤ 제품불만처리와 만족도 관리

문5. 고객관리 조직의 표준직무를 효율적으로 수행하는데 필요한 업무역량 개발과제가 아닌 내용은 무엇입니까?

① 경쟁기업의 이해관계자 분석　　② 영업목표와 시장성장성 관리
③ 고객요구도 탐색과 욕구충족 활동　　④ 기업이미지와 제품신뢰도 관리
⑤ 고객서비스와 만족도 관리

III. 직무수행능력 관리

문6. 직무수행에 필요한 업무행동에 대한 설명으로 적절한 내용이 아닌 것은 무엇입니까?
① 담당직무 수행과 조직문화에 최적화된 마음가짐과 업무자세
② 조직 활동에 표준적으로 요구되는 업무자세
③ 담당직무를 생산적이고 효율적으로 실행하는 업무태도
④ 직무수행 과정에서 조직원이 공통적으로 나타내는 표준적인 행동패턴
⑤ 직무수행 역할과 방법을 과정별 상징적으로 표현하는 개념

문7. 일반적인 관점에서 직무적성을 선천적인 우월성으로 표현하는 경우도 있는데, 구성요소들이 가장 적절히 분류된 것은 무엇입니까?
① 독창성, 창의성, 탁월성
② 분석력, 기획력, 논리력
③ 책임감, 추진력, 해결력
④ 탐색력, 리더십, 실행력
⑤ 목적성, 성취력, 예측력

문8. 직종·직렬의 분류단위 중 일반적으로 기획직렬에서 가장 필요로 하는 조직몰입행동의 패턴은 무엇입니까?
① 욕구성취형
② 고객가치 지향형
③ 조직활성화형
④ 조직목표추구형
⑤ 업무능력제고형

문9. 직종·직렬의 분류단위 중 일반적으로 관리직렬에서 가장 필요로 하는 조직몰입행동의 패턴은 무엇입니까?
① 욕구성취형
② 고객가치 지향형
③ 조직활성화형
④ 조직목표추구형
⑤ 업무능력제고형

문10. 직종·직렬의 분류단위 중 일반적으로 영업직렬에서 가장 필요로 하는 조직몰입행동의 패턴은 무엇입니까?
① 욕구성취형
② 고객가치 지향형
③ 조직활성화형
④ 조직목표추구형
⑤ 업무능력제고형

문11. 직종·직렬의 분류단위 중 일반적으로 생산직렬에서 가장 필요로 하는 조직몰입행동의 패턴은 무엇입니까?

① 욕구성취형　　　② 고객가치 지향형　　　③ 조직활성화형
④ 조직목표추구형　⑤ 업무능력제고형

문12. 조직몰입행동 활성화 방법으로 영향력이 낮은 항목은 무엇입니까?

① 업무성과지향　　② 업무추진력　　　③ 업무집중력
④ 업무협동성　　　⑤ 업무목표력

문13. 직무능력개발을 위한 학습방법으로 가장 적절한 내용은 무엇입니까?

① 대학교재 등 이론서 중심으로 학습
② 동일직무분야 인턴경험에 의한 업무방법 중심학습
③ 관련분야 기초지식과 동일직무분야 경험 및 사례학습
④ 다양한 직무분야의 인턴경험
⑤ 다양한 분야의 전문서적 및 연구논문으로 학습

문14. 실무능력개발 효과가 나타나지 않는 역할은 무엇입니까?

① 미래산업 발전모델 조사 및 분석
② 사업성과 분석 및 평가
③ 생산공정 및 제품품질 분석
④ 마케팅전략과 고객행동 분석
⑤ 사업성 검토와 예산분석

Ⅳ. 핵심직무 실무능력개발

1. 소비시장 분석 직무

1.1 시장환경 분석

□ 마케팅활동은 제품생산자(공급)와 유통기관(물류, 판매) 및 소비자(고객)와 상호 의존관계를 통해 소비시장이 조성되고 산업성장성과 정치, 사회, 경제환경에 따라 시장(상권) 성장 패러다임이 형성됨

● 소비시장은 마케팅 경로과정에서 가치를 교환하는 장소로서 상호 추구하는 목적과 역할에 따라 다양한 선택행동이 유발되므로 소비시장 환경과 영향요인의 분석이 필요함

[소비시장 분석]

분석과제	분석내용
인구분포 및 가족현황	• 목표시장(지역)의 소비자계층 인구 및 주거실태 분석 - 연령, 성별 및 경제활동 인구현황 - 가족구성 현황과 주거실태 - 가구당 소득 및 소비지출 현황 - 목표시장(지역)인구 유·출입 현황

[소비행동 영향요인 분석]

분석과제	분석내용
소비행동 영향요인	• 소비행동 및 구매의사결정 실태분석 　- 지역별, 계층별(연령, 성별, 가계소득) 소비성향 　- 제품별 구매의사결정 및 구매행동 관여자 　- 제품(특성, 기능, 가격, 이미지) 선호도 및 구매동기 • 유통기관 선호도 및 구매패턴과 의사결정 행동 　- 주력 이용점포(유통기관) 및 구매행동 주기 　- 제품 정보탐색 성향과 계획 및 충동구매 실태 　- 서비스 이용실태(제품정보, 점포환경, 제품배송, 고객만족도)와 요구도

[시장환경 분석]

분석과제	분석내용
시장환경과 영업전략	• 시장성장성 분석 　- 제품별 시장규모와 성장잠재력 　- 제품기술 발전 패러다임과 제품개발 능력 　- 시장성장성과 제품별 라이프사이클 • 시장경쟁 환경분석 　- 기업별 주력제품 시장점유율 　- 제품 및 기술경쟁력과 시장영향력 　- 제품공급 및 설비투자능력 　- 제품별 보완제 및 대체제 영향력 • 경쟁기업 영업전략 분석 　- 제품 포지셔닝과 마케팅 컨셉 　- 차별화(제품, 가격, 서비스)전략 　- 유통경로 및 유통기관 관리(선정)방법

1.2 시장특성 분석

□ 소비시장은 제품특성과 유통방법에 따라 산업용 제품시장과 소비재 제품시장으로 구분되어 관리됨

- 산업용제품은 반제품 및 재공품 형태로 유통되며, 최종생산 제품의 원재료 또는 부분품으로 활용됨
    - 공급자와 수요자가 긴밀한 거래관계를 형성하며, 주문(계약) 생산과 공급시스템 체계를 유지함
    - 수요자별로 요구사양이 다양하므로 수요자 중심의 제품공급(사양, 특성, 품질, 수량, 가격, 시기, 방법)을 요구하며, 거래선(제안, 협의·조정) 개척을 통해 장기적인 거래관계가 조성됨

- 소비재 제품시장은 소비자가 요구(필요, 기호, 선호)하는 완제품을 표준적(사양, 특성, 성능, 품질)으로 생산하거나 목표고객에 따라 차별적(성능, 품질, 가격, 서비스)으로 생산하여 소비시장(유통기관)에 공급하는 영업전략을 수행함
    - 유통기관에서 소비시장의 제품수요를 예측하여 주문생산(공급계약) 시스템을 구축하거나 기업이 시장수요(성장)를 예측하여 판매계획(가능)량을 생산(계획)하여 불특정(경쟁시장) 유통기관에 판매(제안, 협상, 세일즈)함

IV. 핵심직무 실무능력개발

[제품특성별 시장관리]

구분	산업재 제품	소비재 제품
제품특성	• 완제품 생산용 반제품 및 부분품으로 공급 - 철강, 원사, 모직물, 화학원료, 기계·전자 부품	• 최종 소비용품으로 공급 - 소비생활 필수품, 산업용 소비제품
시장관리 (방법)	• 수요자와 공급자의 특수(계약) 관계관리 - 제품특성, 생산기술, 공급능력 수요자 및 공급자 공동관리	• 공급자 중심의 시장(경쟁시장) 관리 - 소비자(불특정 다수) 요구도 충족을 위한 제품개발 및 영업활동
고객관리 (패턴)	• 수요자와 공급자의 협력(제품, 기술, 품질, 가격 등) 관리 • 신규 고객관리 장기영업전략 운영	• 경쟁시장(제품, 특성과 기능, 품질, 가격, 브랜드, 이미지) 및 고객만족도 관리
유통경로 관리	• 공급과 수요 물류시스템 구축 - 주문생산량 재고관리 - 상시 납품관리 체계 구축	• 유통기관 중심의 유통경로 관리 - 계획(판매예측)생산품 재고 관리 - 유통기관별 공급(판매)량 관리
판매관리 (활동)	• 수요자(기업) 중심의 판매활동 - 제품, 기술, 품질, 공급능력 중심의 마케팅 활동	• 소비자 대상 판매촉진활동 - 제품, 서비스, 만족도 중심의 마케팅과 소비자 욕구 충족도 관리

1.3 시장구조 분석

□ 시장구조는 생산제품의 공급자(공급자 시장)와 제품 수요자인 소비자(수요자 시장) 및 제품의 물류이동을 중계(중재)하는 전문적인 유통기관(유통시장)으로 구분되어 전문적인 역할을 수행함

• 공급자 시장은 제품생산 및 유통시스템을 관리하며 시장경쟁력(시장점유율, 제품선호도, 가격효용성) 향상을 통해 시장성장성(제품과 기술개발, 제품홍보와 기업이미지 관리, 고객서비스와 만족도 관리)을 관리함

- 수요자 시장은 소비목표와 욕구충족을 위한 정보탐색(제품, 가격, 서비스)과 분석 및 구매실행을 통한 만족도 수준을 평가하여 구매행동패턴을 설정함
- 유통시장은 공급자 시장의 지원과 수요자 시장의 욕구 충족도를 향상시키기 위한 다양한 역할의 패턴(도매, 소매, 중계)과 서비스(전문점, 백화점, 편의점, 할인점, 양판점)를 수행함
  - 전문점(브랜드화), 백화점(고급화), 편의점(접근성), 할인점(저가격), 양판점(다양성)을 지향함

[공급자 시장 특성]

시장특성	시장역할	시장전략

• 제품경쟁력 관리
  - 생산능력, 기술, 품질
• 시장수요량 관리
  - 거래선, 소비자, 고객
• 유통경로 관리
  - 물류, 재고, 유통기관
	• 신시장 개발
	  - 신제품, 신고객 발굴
	• 고객관계 관리
	  - 정보관리, 요구도관리
	• 고객만족도 관리
	  - 서비스, 브랜드 파워
		• 시장성장성 관리
		• 제품라이프사이클 관리
		• 제품차별화 전략추진
		  - 특성, 기능, 품질, 가격, 서비스
		• 기업 및 제품이미지 홍보

[수요자 시장 특성]

시장특성	시장역할	시장전략

• 제품 및 시장정보 분석
  - 패러다임, 경쟁력, 서비스
• 욕구충족과 만족도 관리
  - 제품, 서비스, 가격, 이미지
• 소비계층별 차별적 행동
  - 선호도, 구매, 반응행동
	• 시장성장성과 수요창출
	  - 아이디어, 신상권, 신제품
	• 제품 및 서비스 선택
	  - 특성, 가격, 이미지
	• 유통기관 성장성 관리
	  - 소비패턴, 구매방법
		• 집단 의사결정 행동
		  - 제품, 서비스, 유통방법
		• 공급자 사회적책임 강요
		  - 안전성, 윤리성, 이익환원
		• 공급자시장 평가 및 견제
		  - 품질, 서비스, 책임감

[유통시장 특성]

시장특성	시장역할	시장전략

• 상권개발 및 시장성장성 관리
  - 고객분석, 시설투자
• 소비자 정보관리
  - 가처분 소득, 구매제품
• 물류 원가관리
  - 포장, 수배송 전문화
	• 물류 및 판매관리
	  - 홍보, 서비스, 네트워크
	• 제품 및 서비스 중개
	  - 재고, 물류, 서비스 관리
	• 공급자 및 수요자 정보 관리
		• 유통기능 전문화와 차별화
		  - 소비계층별 제품전문화
		  - 제품별 서비스 차별화

1.4 시장규모 예측

□ 시장규모는 지역별, 소비계층별, 유통기관별, 제품별 시장크기(수요, 공급)와 시장점유율 및 시장확장성과 시장의 성장잠재력을 예측하여 영업방침과 고객관리 시스템을 설정함

- 시장규모는 수요시장과 공급시장의 균형성을 형성하면서 확장되고, 산업성장성, 경제적 상태, 산업기술의 발전, 정치 환경과 사회적·법적 규제력, 공급 및 수요시장의 경쟁관계, 소비생활 패러다임 변화에 따라 시장규모가 증감되거나 시장 성장잠재력이 형성됨

- 시장점유율은 수요시장과 공급시장의 관리능력과 경쟁력에 의해 조성되며, 생산기술, 제품품질, 고객서비스 수준과 영업전략(제품, 가격, 이미지)의 영향력으로 형성됨

[시장규모 예측]

구분	시장예측 및 분석과제

수요자 시장
(경쟁시장,
성장시장,
잠재시장)
	• 소비자 증감현상 분석
	  - 지역사회 팽창(확장, 재개발, 기반시설 확충, 산업투자 유치)
	  - 인구유입률(인구밀도, 세대별계층, 가구수, 가족수)
	
	• 유통기관 분포도 분석
	  - 지역경제 성장성(산업구조, 노동인구, 가계소득)
	  - 유통기관 경쟁력(업종, 규모, 전문성, 서비스, 이미지)

공급자 시장
(자사,
경쟁기업)
	• 업종별 생산능력 분석
	  - 설비투자 및 기술·제품개발 역량(투자규모, 자본유치, 연구개발
	    및 기술도입)
	
	• 제품경쟁력 분석
	  - 제품생산성과 품질수준 관리(생산원가, 생산기술, 공정기술, 제품
	    품질, 제품특성과 기능 차별성)
	
	• 제품홍보 및 영업능력 분석
	  - 기업 및 제품이미지 관리, 제품 및 서비스 차별화 전략, 마케팅
	    촉진활동(홍보관리, 고객관리, 유통경로 관리, 고객만족도 관리)

2. 소비자 행동분석 직무

2.1 의사결정 영향요인

□ 소비자 구매행동은 소비주체별로 유발된 동기요인(소비목적)의 욕구충족을 위해 실행되며, 최적의 욕구충족 수단(구매대안)의 선택을 위해 구매의사결정자에 대해 다양한 영향력을 행사함

[산업소비재 소비패턴]

구매목적	제품선택	구매행동

• 조직공동 소비재
• 경제적 교환가치성
  - 효과, 효율, 성과지향
• 단일품 주기적·연속적 수요관리
	• 제품특성, 기능, 품질중심 의사결정
	  - 내구성과 편의성 추구
	  - 서비스 신속성과 지속성
	• 재화의 경제적 가치
	  (투입, 산출, 교환)
		• 위탁, 대리인 구매관리
		• 제품사양과 구매매뉴얼 표준화
		• 계획적 구매관리

[가정소비재 소비패턴]

구매목적	제품선택	구매행동

• 가족 공동소비재
• 가정경제 필수품
  - 실용성, 편의성 추구
• 단일품 및 대체재 주기적 수요관리
	• 제품품질, 가격중심 의사결정
	  - 실용성과 효용성 추구
	• 재화의 사용가치
	  (가성비, 만족도)
		• 가족 공동 구매관리
		• 용도별 가격합리화 관리
		  - 용도별 계획구매관리
		  - 충동적 상표선택 행동

[개인소비재 소비패턴]

구매목적	제품선택	구매행동
• 욕구충족 소비재 • 자기중심 성향의 이미지 관리 • 단속적 행동의 다양성 추구	• 제품브랜드와 이미지 선택 의사결정 • 정서적 충족감과 희소성 추구 • 재화의 상징적 가치와 실용성	• 독립적 구매관리 • 잠재적 가치와 상징적 효용성 관리 • 계획 및 충동구매 행동

[소비패턴별 의사결정 영향력]

산업소비재	가정소비재	개인소비재
• 제품선택과 가격결정 규제 • 구입시기와 구매방법 통제 • 의사결정 내용의 심사·승인 후 실행	• 제품선택 영향력 행사 • 구입시기와 구매방법 자율 관리 • 상시 커뮤니케이션으로 의견수렴	• 자율적·독자적 의사결정 • 상시적 구매관리 • 계획적, 충동적 구매행동

2.2 구매 의사결정 행동

□ 구매 의사결정은 유발된 동기요인(구매목적)의 욕구충족(구매) 행동의 최적화를 위해 실행되며, 제품과 서비스 선택을 위한 정보탐색과 구매 의사결정기준에 대한 평가 후 구매행동과 구매 후 만족 및 불만족 요인과 수준을 평가하는 과정으로 수행됨

● 구매 의사결정과정에는 시장정보, 기업정보, 제품정보의 탐색과 평가 및 선택요인을 분석하게 되는데 의사결정 영향요인과 개인의 인지체계(경험과 지식, 선호도, 가치관)에 의해 의사결정 방향이 설정됨

Ⅳ. 핵심직무 실무능력개발

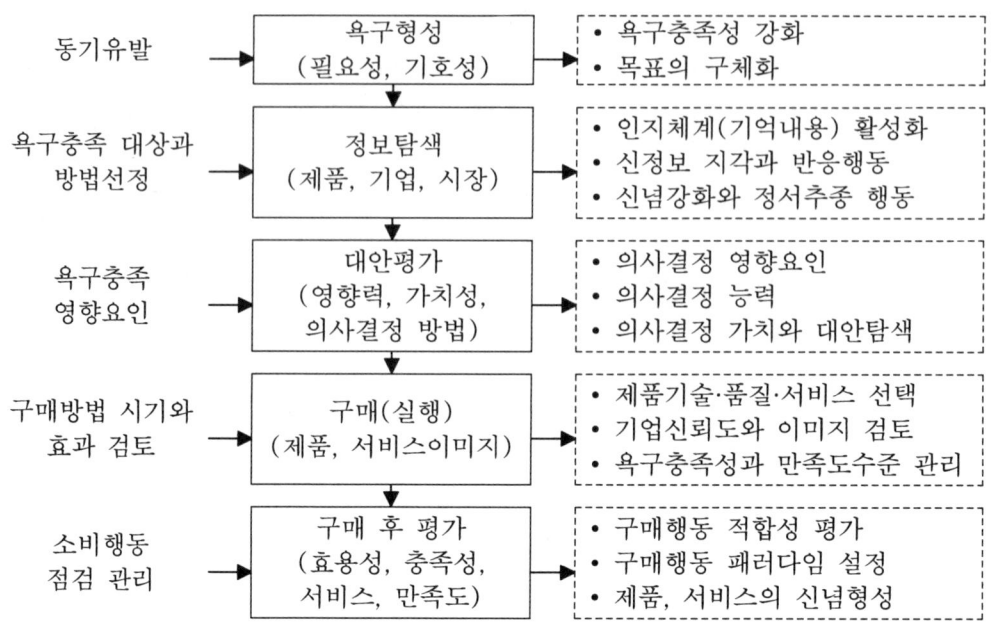

[구매행동 체계]

[욕구형성단계 의사결정 행동]

의사결정 행동	영향요인
• 외부환경 영향 정보수용 　- 사용품 소멸 및 교환주기 　- 신제품 및 신기능제품 발굴 • 내적 영향요인 생성 　- 기호성, 호기심, 충동성 형성	• 산업 및 제품 라이프사이클 • 정치, 사회·문화 가치관 • 사회적 이슈와 정서적 규범

[정보탐색단계 의사결정 행동]

의사결정 행동	영향요인
• 제품특성과 기능 및 이미지조사 　- 기술, 성능, 효용, 가치, 품질, 서비스 • 기업 경쟁력과 사회적 인지도 설정 　- 성장성, 매출액, 윤리경영, 사회적 책임 • 시장환경 분석 　- 유통기관, 가격변동, 기호도와 충족성	• 제품 라이프사이클 • 기술발전 및 제품개발 패러다임 • 기업 및 제품정보 신뢰성과 합리성

[대안평가단계 의사결정 행동]

의사결정 행동	영향요인
• 제품 및 서비스 선택가능성 평가 　- 교환가치, 선택능력, 의사결정 시기 • 의사결정방법 관리 　- 선택, 구매, 지불, 활용(시기, 대상) 　- 의사결정 영향요인 설득	• 산업성장사이클 변화 • 사회이슈와 가치관변화 • 의사결정 영향요인의 태도, 신념, 목표 • 구매의사결정과 리더십

[구매실행단계 의사결정 행동]

의사결정 행동	영향요인
• 계획구매 행동 　- 목적성, 가치성, 실효성, 충족성 추구 • 충동구매 행동 　- 감정, 조바심, 이미지, 브랜드파워 추구 • 비계획(유인)구매 행동 　- 정보제약성, 구매영향력, 조달신속성	• 제품공급의 탄력성 • 제품구매시기 완급 • 지불능력의 제약성 • 제품특성과 기술 및 서비스 표준화

[구매 후 평가단계 의사결정 행동]

의사결정 행동	영향요인
• 기대가치 만족 및 불만족 수준 평가 　- 선택, 이미지, 가치, 활용성, 서비스 • 욕구충족의 정서적(긍정, 부정)반응행동 　- 감동, 행복, 불쾌, 짜증 • 기억(인지체계)의 재인과 철회 　- 만족 및 불만족 인식과 기억강화	• 신념과 가치관 변화 • 긍정 및 부정정서 활성화 • 인지체계(기억) 조정관리

2.3 구매행동

□ 소비자의 구매행동은 제품과 서비스 선택, 구매 장소와 구매량 결정, 구매시기와 구매주기별로 일정한 패턴을 형성하므로 이를 분석하여 목표고객의 선정과 영업방침을 수립함
- 또한 소비자의 구매행동이 계획적으로 이루어지는지, 충동적이거나 광고·홍보내용에 유인되는가에 따라 영업활동 방향을 설정함

[제품과 서비스 선정 행동분석]

구매행동 분석	영업전략 개발

• 제품특성 및 기능선호도 분석
  - 성능, 규격, 사양, 기술, 용도, 품질
• 제품이미지와 브랜드 선호도
  - 경쟁력, 성장성, 가치성, 효용성
• 사전서비스 및 사후서비스 요구도
	• 제품개발 방향과 영업컨셉 설정
	• 마케팅 전략과 광고 및 홍보전략 설정
	• 사전·사후서비스 방법과 시스템 구축
	  - 사전서비스(정보, 기술, 품질)관리
	  - 사후서비스(A/S, 정보네트워크)실행

[구매 장소와 구매량 관리 행동분석]

구매행동 분석	영업전략 개발

• 유통기관 선호도와 쇼핑 및 제품구매 행동분석
  - 유통기관별 접근성, 이용률, 이용패턴, 구매방법, 물류서비스
• 유통기관별 구매품목과 구매량 분석
  - 유통기관 경쟁력, 시장점유율, 영업전략, 고객관리 및 서비스 방법
• 제품 1회차 및 월간구매량 분석
  - 품목별 종류, 종류별 수량
	• 물류 이동방법 및 유통기관 선정
	  - 판매방법(직영, 대리, 위탁) 및 판매수수료율 결정
	• 유통기관별 차별화(가격, 서비스)관리
	  - 지역, 제품, 고객별 차별화 전략
	  - 판매방법 및 서비스 차별화 관리
	• 유통기관별 점유공간관리
	  - 위치, 면적, 제품배치 방법

[구매시기와 구매주기 선정 행동분석]

구매행동 분석	영업전략 개발
• 유통기관 이용패턴 분석 　- 주간, 월간, 계절적 이용패턴 • 제품별 구매시기와 구매주기 분석 　- 동일제품, 동일브랜드 구매패턴 　- 계획구매 및 충동구매 제품선정 패턴	• 구매패턴별 제품유통 경로관리 • 구매주기별 마케팅 차별화 전략개발

[의사결정 행동분석]

구매행동 분석	영업전략 개발
• 계획구매 의사결정 행동분석 　- 제품 필요성, 가치성, 대체성 • 충동구매 의사결정 행동분석 　- 제품 선호도, 브랜드파워, 활용성 • 유인(잠재적 충동)의사결정 행동분석 　- 제품신념, 정보력, 효용성 • 제품선택 행동분석 　- 가치성, 이미지, 효용성 선택 　- 개인·공용·대리(조직) 의사결정행동 　- 상표, 제품, 가격, 서비스, 기업, 품질선택 　- 영향요인(구매능력, 준거집단, 사회문화) 분석	• 구매의사결정 영향요인별 제품이미지 관리 • 마케팅 컨셉과 영업방법 선정 • 유통기관 및 제품특성 정보관리 　- 제품특성(계획구매), 제품이미지(충동구매), 제품효용성(유인구매), 광고 및 홍보전략 실행 • 제품개발 및 차별화 전략수립

Ⅳ. 핵심직무 실무능력개발

3. 목표고객 발굴 직무

3.1 표적시장 세분화

□ 소비시장에 대한 최적화된 마케팅전략 개발과 영업방법 설정을 위해서는 목표타깃 시장의 선정과 목표고객 계층의 분류가 필요함
  - 목표시장을 세분화하여 시장특성별 표적 마케팅 전략추진과 고객관리를 통해 시장점유율 향상과 제품경쟁력을 증가시킴

[시장세분화 관리]

구분	목표시장 선정	시장관리
표적시장 선정	• 지역별 목표시장 세분화 - 행정단위, 물류경로별, 경제활동 범위, 사회문화 패턴별 시장세분화 • 유통기관별 표적시장 세분화 - 전문품, 할인품, 고가품, 저가품	• 시장별 제품특성과 기능 관리 • 유통기관별 제품가격, 기능, 서비스 차별화 관리
제품 포지셔닝 관리	• 시장의 라이프사이클별 제품 포지셔닝 관리 - 성장시장 제품특성 관리 - 경쟁시장 제품품질 및 가격차별화 - 포화시장 신제품 및 신기술 관리 - 쇠퇴시장 대체재 및 보완재 제품 출시 • 신시장 및 잠재시장과 틈새시장 개발 - 기술선도제품, 품질표준제품, 서비스 전문제품	• 제품별 시장경쟁력 관리 • 고객서비스 전문화 및 고객관계 관리 • 제품별 신시장 개발과 시장차별화 관리
마케팅 전략개발	• 시장 성장환경별 마케팅전략 실행 - 성장시장 신규서비스 개발 - 저성장시장 유통기관별 제품전문화관리 - 경쟁시장 제품특성과 기술전문화 및 제품다양성 관리 • 세분시장별 제품특성과 기업이미지 관리 - 성장시장 신제품기술과 성능관리, 기업윤리 경영활동 - 저성장시장 제품포지션 단순화, 기업사회적 책임관리 - 경쟁시장 제품브랜드 및 기업기술 선도 이미지 관리	• 시장별 제품이미지 및 브랜드 차별화 관리 • 시장별 기업이미지 다양성 관리

3.2 목표고객 발굴

□ 소비자의 구매능력(지불능력, 의사결정력)과 제품 및 서비스 선호도에 따라 거래고객(소비자) 또는 잠재고객과 예상고객으로 선정하여 마케팅전략을 실행함

- 목표고객은 인구통계변인, 구매행동 패턴과 영향요인, 제품 및 서비스에 대한 소구력과 신념에 따라 다양한 계층 구분되므로 마케팅 전략실행을 위한 목표고객을 선정하거나 발굴하여 관리함

[고객세분화 관리]

구분	목표고객 발굴	고객정보관리
목표 고객 세분화	• 인구통계 변인별 목표고객 발굴 - 지역, 규모, 연령, 성별, 가구수, 가족구성, 가계소득 • 제품구매 방법별 고객 발굴 - 계획구매, 충동구매, 유인구매 - 개인구매, 공동구매, 대리구매 • 유통기관 이용패턴별 고객 발굴 - 전문품, 편의품, 할인품, 산업용품 구매자	• 지역경제시스템과 산업구조 - 경제활동 권역, 물류이동성 • 구매행동패턴 분석 - 쇼핑(장소, 빈도), 구매 (양, 빈도) • 구매영향요인 - 의사결정자, 구매능력, 제품특성, 품질, 기술
제품 차별화 관리	• 제품선택 요인별 목표고객 발굴 - 브랜드, 특성과 기능, 품질과 기술, 가격과 서비스, 가치와 기호성, 기업이미지와 신념 • 제품특성별 고객 발굴 - 신기술과 신제품, 고성능의 표준제품, 실용성과 상용품, 산업용과 소비용품, 기호품과 전문품	• 제품 및 기업이미지 선호도 분석 • 제품 및 기업정보 수용력과 신념 분석 • 구매행동 패턴과 의사결정 영향요인 분석 • 제품경쟁력 분석 - 특성, 기능, 품질, 기술, 서비스
마케팅 전문화 관리	• 제품과 기업정보 홍보관리 - 브랜드, 이미지, 기술력, 경쟁력 • 제품 및 서비스 차별화 관리 - 인구통계 변인별 가격, 제품특성 차별화 - 유통기관별 가격, 서비스 차별화	• 경쟁기업 영업전략 분석 - 제품, 시장, 고객관리 방법 • 제품경쟁 능력관리 - 시장, 유통기관, 소비자 • 고객만족도 관리 - 제품, 품질, 기술, 서비스, 정보

4. 세일즈관리 직무

4.1 고객 상담준비

□ 세일즈는 고객과의 커뮤니티를 통해 제품과 서비스 판매활동이 수행되며, 커뮤니티에 필요한 제품지식, 고객특성, 상담 자세와 방법에 따라 세일즈 성과가 결정됨
- 특히 고객들은 소비행동에 필요한 정보를 다양한 경로와 대상으로부터 수집하거나 청취할 수 있으므로 고객의 구매의사결정 행동을 유발시키기 위해서는 상담역할의 전문화가 필요함

[상담준비 내용]

구분	기업고객 대상	개인고객 대상
제품(기업) 특성과 기능 이해	• 주력업종, 주력제품, 생산능력, R&D 수준 • 제품규격, 사양, 기술, 품질, 서비스 방법 • 주요거래선, 시장점유율	• 기업이미지, 사회적 책임역할 • 제품용도, 기능, 품질, 서비스, 브랜드 이미지 • 시장경쟁력, 시장성장성
고객특성과 신념이해	• 제품사용처, 구매사양, 기존거래선 • 구매부서 및 구매자, 의사결정자 • 구매주기, 구매량, 결제방법 • 구매(거래선, 제품) 결정방법	• 제품선호도, 신념 • 구매의사결정 행동 • 정보탐색, 구매방법, 결과평가 • 구매의사결정 영향요인(가격, 브랜드, 용도, 품질, 서비스, 사용경험, 이미지)
상담자료 준비	• 행선지(기업정보, 구매조직, 담당자 약속 장소 및 시간) • 기업(소속) 및 제품홍보자료 • 거래제안서 및 견본품, 제품 품질검사(보증)서 • 상담수첩(기록지) 및 명함, 단정한 복장	• 행선지 스케줄 및 일정(시간) 계획 • 제품 및 기업 홍보자료 • 상담수첩, 명함, 단정한 복장
상담매너 (태도)습득	• 상담예절, 정서적 친근감 • 역할의 자신감, 상담내용 신뢰감	• 호기심 및 동질감 유발 • 신뢰감과 기대감 유발 • 책임감과 연대감 형성

4.2 세일즈 실행

□ 고객 및 잠재(예비)소비자에 대한 세일즈 어프로치는 고객에 대한 신뢰감(제품정보, 상담자) 조성과 세일즈 제품에 대한 호기심과 흥미유발 및 구매가치를 인식시켜 구매 의사결정 행동을 유발시키게 됨

[세일즈 실행체계]

구분	기업고객	개인고객
호기심(관심) 유발	• 신제품, 신기술, 신제품특성과 품질로 흥미와 관심유발 • 신 거래조건(가격, 납품방법)과 경쟁기업과의 차별성, 거래효과 제언	• 제품특징과 사양, 기술적 차이성과 혁신이미지 홍보 • 제품시연 사용, 사용후기, 통계 데이터 공시 등으로 경쟁력과 성장잠재력 이미지 형성(홍보)
필요성 인식(제품 소구력 형성)	• 제품실용성과 내구성, 기대가치 중점 어프로치 • 구매(활용)효과 어프로치 - 생산성 향상, 원가절감, 품질개선, 이용편의성 효과 검증 데이터 어프로치	• 제품이미지와 브랜드파워 소개 • 목표고객 계층의 제품구매력과 선호도 홍보 • 제품사용 효과와 정서적 만족 수준 • 제품가치 지향성과 소비자 만족도 (재구매율)
구매결정 촉구	• 제품구매 가치, 효과평가 데이터 어프로치 • 거래기업 효과사례 데이터 제공 및 미팅주선	• 제품특성과 서비스비교(경쟁제품) 데이터 공시 • 제품평판과 사용후기 사례제시 • 기업 윤리경영과 사회적 책임감 홍보
구매 재확신 관리	• 제품경쟁력, 기업성장성, 제품과 기술혁신성 관리 • 거래기업 리스트관리	• 제품특징과 사양, 기술적 차이성과 혁신이미지 홍보 • 구매경험자 구전홍보

Ⅳ. 핵심직무 실무능력개발

[세일즈 커뮤니티]

구분	커뮤니케이션 관리
자료 (제안서, 홍보물) 활용법	• 상담 및 정보관리 과정에 홍보자료 등의 도구를 활용하여 주제별 상담, 내용의 신뢰성 향상, 정보탐색(지속적) 지원을 함 - 고객 관심분야(품질, 기술, 서비스, 브랜드) 탐색 - 자료 활용방법 및 활용(오픈)시기 관리 - 다양한 상담도구를 시기별로 선택(1~2개)하여 사용
사례활용법	• 인지도가 높은 특정기업 또는 저명인사 고객의 사례내용(구매경험, 활용사례, 만족도평가, 관계수준)을 상담내용으로 활용 - 사례자의 정보탐색 내용, 의사결정 관점, 구매량 및 구매패턴 중심의 사례활용
화제전환법	• 피상담자의 기업과 제품에 대한 부정적 신념, 과거경험, 이미지를 전환시키거나 완화시키기 위해 부정적 개념이 제기될 경우 화제(상담주제, 내용, 영향요인)를 전환시키면서 긍정적인 이미지를 전달함 - 화제관점을 확대시켜 상담주제를 희석시킴 - 산업전반의 공통성을 부각시켜 특정사안별 부정적 개념을 소멸시킴
설득법	• 상담 주제와 내용을 이해시키거나 새로운 개념이 형성되도록 지속적으로 조언하거나 설득함 - 부정적 개념은 형성원인과 실태를 파악하여 논리적으로 설득 - 보편적인 개념인 경우는 기업과 제품의 긍정적 정보를 지속적으로 전달 - 피상담자와 의견충돌 및 논쟁을 피하면서 간단명료한 개념을 피상담자의 동의를 유도하면서 사실적인 메시지로 전달
부메랑화법	• 상담과정을 고객이 리드하도록 관리하며 구매목적, 정보탐색 내용, 의사결정방법 등의 방향을 제시토록 유인하면서 표현내용에 동조(동의, 긍정, 수긍)를 함 - 질문형 및 가정형 상담 ▶ 그래서 어떻게 하실 겁니까? 맞습니다. 그렇게 하셔야 합니다.
강요법	• 상담 및 협의내용을 상담목적에 따라 일방적인 개념과 방법으로 고객에게 전달함

□ 커뮤니케이션 3원칙

- 자신감과 신념(기업, 제품)으로 긍정적인 메시지 전달
- 밝은 표정과 친절한 태도로 고객에게 즐거움 유발
- 사실적이고 정확한 내용으로 고객의 신용을 얻음

[세일즈 행동]

구분	세일즈 역할

판매촉진	• 충분한 사전준비
	  - 제품특성(기술, 품질, 가치)과 영업소구점 학습
	  - 판매도구(홍보물, 품질보증서, 고객정보) 준비
	• 성실한 판매 활동
	  - 적극적이고 책임감있는 판매역할
	  - 고객협력과 관계지향적인 업무자세
	• 고객정보 상시적 관리
	  - 고객의 인구변인 특성과 소비행동 패턴 정보관리
	  - 고객과 상시 커뮤니티 및 제품정보 공유관리

거절대응	• 거절원인을 파악하고 대응(개선)방안을 신속하게 제시함
	  - 예상되는 거절안을 사전 대응방안에 따라 조치
	  - 거절내용에 대한 견해(의견, 조치방안)를 명확히 전달
	• 고객에 대한 봉사의식 강화
	  - 반대의견 적극적 수렴
	  - A조건의 거절요인을 B조건의 구매동기로 관리
	    ‣ 제품특성과 품질, 제품기술과 생산원가, 브랜드파워와 가격
	• 고객특성(정보탐색, 의사결정, 구매행동)별 상담관리와 판매촉진활동
	  - 제품특성의 관심사항 관리
	  - 거절요인의 개선대안 상시정보 관리
	  - 거절고객의 관계조성과 마케팅 활동

판매관리	• 다양한 거래조건(옵션)관리
	  - 고객요구도 패턴과 수용조건의 D/B(가격, 수량, 서비스, 물류)
	• 견적(판매조건)내용의 통일성
	• 판매(계약)조건(가격, 품질, 서비스)은 최종의사결정 과정에서 확정
	• 자기이미지 통제와 시간(약속, 업무스케줄)관리
	  - 업무습관(능력개발, 스트레스)과 생활습관(음주, 식사, 여가시간) 통제관리
	  - 업무시간(생산성), 상담스케줄(시간, 동선) 효율성 관리

4.3 세일즈 목표관리

□ 영업활동의 일환으로 수행되는 세일즈는 시장개발과 제품판매 및 고객관계관리를 위해 수행됨

□ 목표관리 과제
- 구체적인 실행 가능한 목표설정
- 제품 생산능력과 생산계획의 점검
- 제품유통 경로와 판매방법 선정
- 시장 및 고객별 제품수요량 점검 및 예측
- 시장경쟁력과 시장성장 잠재력 분석 및 평가
- 경쟁기업 경쟁제품 시장점유율과 마케팅 전략을 분석하여 대응전략을 수립

□ 목표관리 방법
- 지역별, 제품별, 유통기관별 판매목표를 구체화시킴
- 목표타깃별 판매방법을 명확하게 설정
- 경쟁기업과 경쟁상품에 대한 영업우위 전략수립
- 제품 및 시장별 최종실행 목표와 수정가능 목표를 세분화하여 수립
- 목표관리를 위한 팀워크와 목표관리 시스템(상담, 정보관리)구축
- 목표관리 시스템을 지원하는 영업방침관리

[목표관리 영향요인]

투입요소	환경요인	영업전략	성과산출
• 기술&제품 개발 • 유통기관 수, 거래량 • 영업인력과 시간 • 시장관리 역량 • 광고, 홍보비용 • 시장 및 고객관리비 • 사전·사후 서비스	• 산업구조 • 시장성장성 • 시장경쟁력 • 유통구조 • 기술변화 • 신제품 개발 • 서비스 질	• 제품차별화 • 가격차별화 • 고객차별화 • 서비스차별화 • 제품믹스전략 • 기업·제품이미지관리 • 제품브랜드 고급화	• 판매량 • 제품회전율 • 매출액, 이윤 • 부가가치 생산성 • 시장점유율 • 기업과 제품인지도 • 관계관리 고객D/B

[판매목표 및 실적관리]

구분		제품(특성)군				제품(기능)군				총계		전년도 실적		증감율	
		제품 A	제품 B	제품 C	합계	제품 D	제품 E	제품 F	합계	수량	금액	수량	금액	수량	금액
시장	도매시장														
	소매시장														
	전문시장														
	할인시장														
	소계														
거래선	신규거래														
	고정거래 가														
	나														
	다														
	소계														
지역	서울														
	부산														
	소계														
합계															

[시장점유율 관리]

구분		제품별 점유율				기업별 점유율				지역별 점유율			
		제품 A	제품 B	제품 C	합계	가 기업	나 기업	다 기업	합계	서울	부산	…	합계
전기	매출액												
	수량												
당기	매출액												
	수량												
증감률	매출액												
	수량												

5. 서비스관리 직무

5.1 제품 서비스관리

□ 고객이 지속적으로 추구하는 제품에 대한 목표와 요구도가 실현되도록 서비스(기술, 품질, 정보, 관계)를 실행하는 역할로서 고객이 지향하는 가치에 따라 유형의 서비스와 무형의 서비스로 구분하여 관리함

[유·무형 서비스관리]

구분	유형서비스 관리	무형서비스 관리
서비스 환경	• 생산기술, 제품성능 • 제품디자인, 제품품질 • 제품내구성 • 물류방법과 유통기관	• 제품이미지, 제품브랜드 • 제품정보(기술, 품질, 가격, 물류) • 물류 및 유통정보관리 • 기업정보(경영정보, 윤리경영, 사회적책임)
서비스 방법	• 제품성능 유지, 점검, 개선관리 • 제품서비스(수리, 교환) • 포장, 보관, 배송서비스 지원	• 신속성과 정확성 • 서비스매너와 편리성 • 고객대응 및 관계관리 • 기업, 제품, 서비스 정보공시
서비스 품질	• 기술선진성, 제품표준화 • 사용방법의 실용성, 보존가치 변동성 • 제품활용성	• 만족도(제품, 서비스, 정보) • 정보다양성과 접근성 • 기업유대감과 정서적 동질감
서비스 효과	• 시장경쟁력 향상 • 매출액 및 영업이익률 향상 • 사전·사후 서비스 비용절감	• 기업 및 제품이미지 향상 • 고객만족도 향상 • 제품 브랜드가치 향상
서비스 특성	• 구체성, 형태성 • 변화성, 제한성 • 가치성, 잔류성	• 신뢰성, 의미성 • 지각(인지)성, 가변성 • 효과성, 소멸성

5.2 서비스 경로관리

□ 서비스 경로는 유·무형의 서비스를 서비스 생산자로부터 서비스 수요자에게 전달(방법, 효과, 특성)하는 일련의 과정으로 생산자 경로와 수요자 경로를 구분하여 관리함

[서비스 경로별 역할]

구분	생산자 서비스	수요자 서비스
제품 서비스	• 제품기술개발, 품질표준화 관리 • 생산능력(숙련도, 생산량)관리 • 제품정보(브랜드, 이미지)관리 • 제품가치, 제품경쟁력 • 제품만족도, 제품 A/S	• 제품기술 및 품질선호도 관리 • 구매량과 구입시기 선택 • 정보신뢰도 활용성 평가 • 제품이미지와 브랜드 가치평가 • 서비스 방법과 만족도 평가
유통 서비스	• 포장, 보관, 물류, 시스템 관리 • 유통(기관)전문화와 신속성 관리 • 접근성, 쾌적성, 다양성 관리 • 지역, 가격, 방법 차별화 관리 • 판매역할, 능력, 매너 전문성 • 물류 및 유통기관 정보관리	• 물류 신속성과 제품안전성 평가 • 유통기관 접근성과 쇼핑 편의성 선택 • 제품가격과 서비스수준 평가 • 물류정보 신뢰성 평가
정보 서비스	• 제품정보(특성, 품질, 용도)관리 • 기술 및 브랜드정보 홍보 • 유통기관 및 가격정보 홍보	• 기업정보(경영성과, 윤리경영, 사회적책임) 분석 • 기업이미지와 인지도 평가 • 시장성장성, 시장경쟁력 정보분석 • 제품 및 기술정보 신뢰성 평가 • 유통기관 및 가격정보 활용성 관리

5.3 서비스 만족도 관리

□ 서비스 만족도는 고객이 기대하거나 요구하는 서비스 충족을 위해 서비스 품질과 서비스 기술(방법)을 최적화하여 고객의 만족도를 향상시키는 역할을 수행함

[서비스 만족도 관리]

서비스 대상	서비스 품질	서비스 기술
소비자 집단 (잠재고객)	• 서비스인프라 확충 　- 제품브랜드와 이미지 향상 　- 기업인지도와 사회적 역할 • 시장규모 최적화 　- 목표시장 유통망(기관) 확충 　- 제품품질 표준화 관리	• 소비시장과 잠재고객 분석 　- 비즈니스(제품, 시장, 서비스, 리더십 강화) 　- 경쟁시장(기업, 제품) 정보 관리 • 커뮤니케이션 네트워크 구축 　- 요구도 및 제안내용관리 　- 신제품 정보와 시제품사용 체험
구매고객 (상담고객)	• 제품정보 신뢰성 관리 　- 제품특성, 기능, 사양, 용도 최적화 　- 제품가격, 품질, 서비스 차별화 • 제품 효용성과 기대가치 관리 　- 제품특성의 경쟁적 우위성 　- 제품 가성비와 경제적 가치성	• 생산기술 및 품질고도화 관리 　- 생산기술 고도화 관리 　- A/S 시스템 표준화 관리 • 소비시장 크기별 유통망 확충 　- 소비자 접근성, 쾌적성, 편의성 관리 　- 전문성(역할)과 다양성(제품) 관리
관리고객 (거래고객)	• 동반(고객, 기업) 정보(기업, 제품, 시장)관리시스템 구축 　- 상시정보 관리 네트워크 　- A/S 신속성과 최적화 관리 • 비즈니스 역량강화 　- 신규서비스 개발 및 강화 　- 마케팅 프로모션 전문화	• 제품서비스 다양화 　- 제품사양과 디자인 전문화 관리 　- 서비스 품질강화와 최적화 관리 • 제품, 시장, 고객별 서비스관리 　- 브랜드 전략 차별화 　- 유통기관 및 물류시스템 기능 강화

IV. 핵심직무 실무능력개발

6. 고객관계관리 직무

6.1 관계관리 방향 설정

□ 고객관계관리란 소비자 집단으로부터 목표고객(구매고객, 예상고객, 잠재고객, 기대고객)을 선정하거나 발굴하여 생산자와 소비자가 상호의존적인 협력관계를 형성하기 위한 것으로 소비자의 구매효율성 향상과 생산자의 매출액 증가 및 시장경쟁력 향상을 목표로 함

[고객관계 형성]

구분	생산자	소비자

적극적
협력관계
	• 제품판매와 시장경쟁력 지향
	  - 시장세분화 관리
	  - 제품포지셔닝 설정
	• 경쟁기업 분석과 대응력 강화
		• 제품 및 서비스 평가모니터
		• 기업과 제품이미지 관리패널
		• 기업 정보관리 네트워크 구축

보편적 협력관계	• 고객관리 집약화와 관계형성 • 목적지향적인 일체감과 의존관계 • 상시적 시장 및 고객정보 네트워크	• 시장과 기업정보 협력관리 • 단절형 정보교환과 의존관계 • 제품 및 서비스정보 유기적 상호작용
소극적 협력관계	• 일방적 고객정보 의존관계 • 개별적 소비행동 특성관리	• 일시적 요구도 충족관계 형성 • 단절형 정보교류

[고객관계관리]

구분	생산자 역할	소비자 역할

관계형성 목적	• 고정거래 고객확보
	  - 매출액 및 시장경쟁력 향상
	• 소비시장 패러다임 예측 및 분석
	• 기업 및 제품이미지 홍보
	• 신제품 및 신서비스 발굴
		• 합리적 소비(의사결정)행동
		  - 제품 및 기술, 품질정보 수용
		• 서비스 다양성과 고급화 혜택
		  - 사은품, 가격할인, 서비스 우선권

관계관리 정보	• 제품 및 서비스요구 정보관리
	  - 특성, 기능, 기술, 품질, 요구도
	  - 사전, 사후서비스 만족도
	  - 신제품, 신기술 개발아이디어
	• 구매의사 결정 행동정보
	  - 인구통계 변인별 특성
	  - 구매능력, 구매방법
	  - 구매패턴 및 유통기관 선호도
	• 시장개발 및 고객관리 정보분석
		• 제품 및 서비스 평가
		  - 제품특성 및 서비스 수준과 개선 아이디어 평가
		  - 경쟁기업 경쟁력, 서비스방법
		  - 영업전략과 고객관리 방법
		• 제품 및 서비스 아이디어 제안
		  - 기술, 디자인, 성능, 품질개선, 아이템 제안

관계관리 방법	• 고객정보원 관리
	  - 시장, 고객, 경쟁기업(제품, 서비스, 영업) 정보제공
	• 고객모니터링 관리
	  - 신제품 및 서비스 수준 및 가치평가
	  - 마케팅전략 및 마켓콘셉트 평가
	  - 기업 및 제품홍보 메신저(구전) 활동
		• 마케팅 전략과 영업방침 수용
		• 비공식적 조직으로 기업 경영활동 참여
		• 기업 및 제품 정보수용 네트워크와 시스템 구축

6.2 고객정보 시스템 구축

□ 고객관계관리는 적극적 협력관계를 지향하여 고객의 인구통계 변인정보, 구매행동 정보, 만족 및 불만족 정보를 관리하여 제품의 시장경쟁력과 매출액 향상을 도모하는 것임

• 특히 고객과의 관계가 형성되기 위해서는 고객이 요구하는 기업과 제품정보 및 차별적 서비스와 인센티브가 제공되는 관계형 교환 시스템이 구축되어야 함

Ⅳ. 핵심직무 실무능력개발

[고객정보 관리시스템]

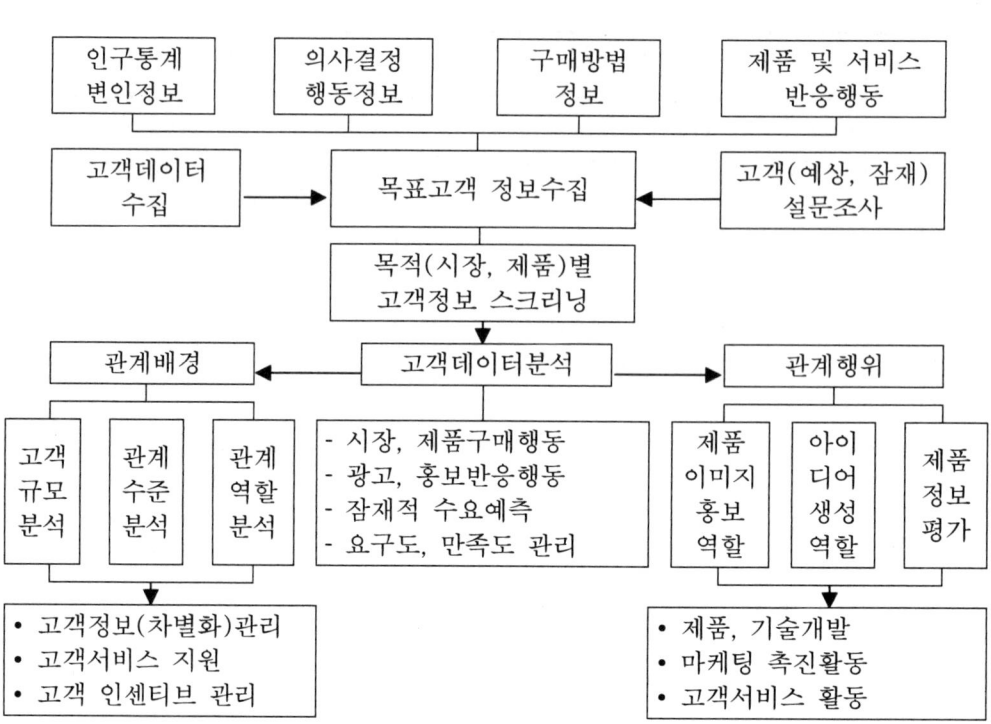

6.3 고객 모니터링 관리

□ 마케팅환경이 제품(특성, 기능)중심에서 고객(서비스, 만족도) 중심으로 변화되면서 목표 고객별(집단) 맞춤형(주문형) 제품관리와 매출 성과관리를 지향하고 있음

- 즉, 고객중심의 제품차별화 관리, 시장(유통기관)차별화 관리, 신상품개발과 서비스개발, 마케팅 전략추진과 홍보관리, 구매행동 연구를 추진함

- 이러한 소비시장 특성과 마케팅 전략변화 환경을 예측하여 대응전략을 수립하기 위해서는 고객의 구매행동에 대한 모니터링 실행이 필요함

IV. 핵심직무 실무능력개발

- 고객 모니터링은 거래고객 및 목표고객의 구매행동 정보 DB구축과 더불어 경쟁기업의 영향력 제품과 서비스 선호도와 구매행동에 대한 신념(가치관, 판단력)을 모니터링 함

[고객 모니터링 과제]

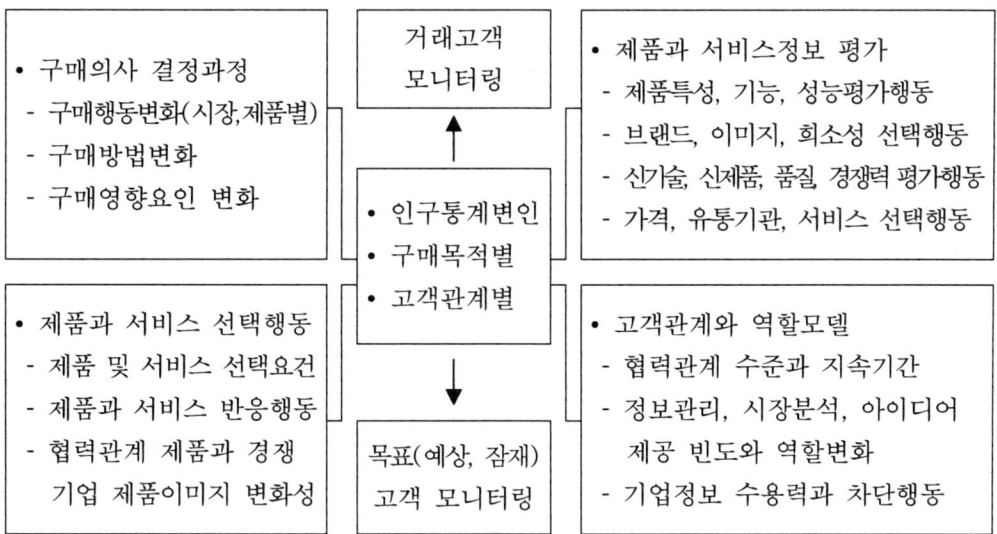

IV. 핵심직무 실무능력개발

7. 학습내용 평가

□ 소비시장분석 직무

문1. 고객관리 조직의 시장조사 목적이 아닌 내용은 무엇입니까?

① 산업·시장·소비자 정보수집

② 제품·시장·고객개발 정보수집

③ 소비자 요구도·서비스관리 정보수집

④ 고객 불만 및 경쟁기업 정보수집

⑤ 사회적 책임활동 정보수집

문2. 일반적으로 소비자행동 영향요인 분석과제로 적절하지 않는 내용은 무엇입니까?

① 제품구매 목적과 사용용도　② 지역별·계층별 소비성향

③ 제품별 구매의사결정 관여자　④ 제품선호도와 구매동기

⑤ 유통기관 선호도와 구매패턴

문3. 일반적으로 시장환경 분석과제로 적절하지 않는 내용은 무엇입니까?

① 시장성장성 분석　② 시장경쟁 환경 분석

③ 경쟁기업 영업전략 분석　④ 산업의 라이프사이클 분석

⑤ 제품기술과 품질수준 분석

문4. 일반적으로 산업재 제품의 시장관리 방법으로 적절하지 못한 내용은 무엇입니까?

① 수요자와 공급자의 계약관계관리

② 수요자와 공급자의 제품·기술·품질 협력관리

③ 공급자 중심의 시장관리

④ 수요 및 공급처간 물류시스템 구축

⑤ 수요자 중심의 판매활동

Ⅳ. 핵심직무 실무능력개발

문5. 일반적으로 소비재 제품의 시장관리 방법으로 적절하지 못한 내용은 무엇입니까?
　　① 공급자 중심의 경쟁시장 관리　　② 기업 및 제품이미지 홍보
　　③ 유통기관 중심의 유통경로 관리　　④ 소비자 대상 판매촉진활동
　　⑤ 고객 불만처리와 만족도 관리

문6. 공급자시장 관리내용으로 적절하지 않는 것은 무엇입니까?
　　① 제품기술개발 협력관리　　② 제품경쟁력관리
　　③ 시장수요량 관리　　④ 시장성장성 관리
　　⑤ 시장개발과 고객관계관리

문7. 수요자시장 관리내용으로 적절하지 않는 것은 무엇입니까?
　　① 제품과 시장정보관리　　② 제품품질관리
　　③ 고객욕구 충족성 관리　　④ 성장시장 수요 창출
　　⑤ 제품과 서비스 차별화 관리

문8. 유통시장 관리내용으로 적절하지 않는 것은 무엇입니까?
　　① 상권개발관리　　② 소비자 정보관리
　　③ 물류시스템 관리　　④ 소비자 증감현상 분석
　　⑤ 유통기능 전문성 관리

문9. 수요자 시장규모 예측방법으로 적절하지 않는 내용은 무엇입니까?
　　① 지역경제 성장성　　② 유통기관 경쟁력
　　③ 상주 및 유동인구 유입률　　④ 지역사회 확장성
　　⑤ 소비자 구매의사결정행동

문10. 공급자 시장규모 예측방법으로 적절하지 않는 내용은 무엇입니까?
　　① 생산설비 투자능력　　② 신제품개발 역량
　　③ 제품경쟁력 분석　　④ 정치 및 사회 환경
　　⑤ 홍보 및 영업능력 분석

IV. 핵심직무 실무능력개발

□ 소비자행동 분석 직무

문11. 산업소비재 제품의 의사결정 영향요인으로 적절하지 않는 내용은 무엇입니까?
　　　① 조직공동 소비재　　　　　② 경제적 교환가치
　　　③ 주기적·계획적 수요관리　　④ 위탁 대리인 구매관리
　　　⑤ 충동적 상표선택 행동

문12. 가정소비재 제품의 의사결정 영향요인으로 적절하지 않는 내용은 무엇입니까?
　　　① 가족공동 소비재　　　　② 가정경제 필수품
　　　③ 재화의 사용가치　　　　④ 구매 매뉴얼 표준화
　　　⑤ 용도별 가격합리화 관리

문13. 개인소비재 제품의 의사결정 영향요인으로 적절하지 않는 내용은 무엇입니까?
　　　① 욕구충족 소비재　　　　② 자기중심성향 이미지 관리
　　　③ 구매제품 표준화　　　　④ 재화의 상징성·실용성 추구
　　　⑤ 계획적·충동적 구매행동

문14. 소비패턴별 의사결정 영향요인에 대한 설명이 잘못된 내용은 무엇입니까?
　　　① 산업소비재는 제품·가격선택의 규제
　　　② 가정소비재는 제품선택 영향력
　　　③ 개인소비재는 자율적·독자적 의사결정
　　　④ 소비패턴별 구매시기와 방법의 차이성
　　　⑤ 법적·제도적 영향요인

문15. 일반적인 구매 의사결정 행동 체계가 적절하게 구성된 내용은 무엇입니까?
　　　① 욕구형성>정보탐색>대안평가>구매실행
　　　② 정보탐색>욕구형성>대안평가>구매실행
　　　③ 정보탐색>대안평가>욕구형성>구매실행
　　　④ 욕구형성>대안평가>정보탐색>구매실행
　　　⑤ 대안평가>욕구형성>정보탐색>구매실행

문16. 일반적으로 정보탐색단계의 의사결정 행동이 적절하지 않는 내용은 무엇입니까?
① 제품특성과 이미지 조사　② 기업경쟁력과 인지도 탐색
③ 시장환경 분석　④ 만족・불만족 요인평가
⑤ 제품기술 패러다임 검토

문17. 일반적으로 구매실행단계의 의사결정행동이 적절하지 않는 내용은 무엇입니까?
① 계획・충동 구매행동　② 목적・가치・실효성 추구행동
③ 기호성・호기심・충동성 생성　④ 제품이미지・브랜드파워 선택
⑤ 구매시기와 지불능력관리

문18. 일반적으로 구매 후 평가단계의 의사결정행동이 적절하지 않는 내용은 무엇입니까?
① 제품과 서비스 만족・불만족 수준평가
② 욕구충족성과 정서반응행동 평가
③ 기대가치 충족・결핍도 수준평가
④ 제품인지도 재인 및 소거(철회)관리
⑤ 구전내용 진실성 평가

문19. 제품과 서비스 선정과정의 영업전략으로 적절하지 않는 내용은 무엇입니까?
① 제품광고와 기업이미지 홍보
② 생산기술과 제품특성과 정보제공
③ 기업이미지 다양화 전략
④ 고객서비스 전문화와 차별화 전략
⑤ 제품특성별 판매촉진 활동

□ 목표고객 발굴 직무

문20. 표적시장 세분화 전략으로 적절하지 않는 내용은 무엇입니까?
① 표적시장의 선정　② 표적시장의 유통기관 단순화
③ 마케팅전략 개발　④ 제품포지셔닝 관리
⑤ 목표고객 선정과 계층 분류

IV. 핵심직무 실무능력개발

문21. 시장세분화를 위한 제품포지셔닝 관리방법으로 적절하지 않는 내용은 무엇입니까?
① 성장시장의 제품특성관리
② 경쟁시장의 제품품질과 가격차별화
③ 포화시장의 신제품·신기술 관리
④ 쇠퇴시장의 대체재·보완재 관리
⑤ 유통기관별 서비스 차별화

문22. 시장세분화를 위한 마케팅전략 개발 방법으로 적절하지 않는 내용은 무엇입니까?
① 성장시장의 제품 다양화
② 경쟁시장 제품품질·가격 차별화
③ 세분시장 제품특성과 기업이미지 관리
④ 경쟁시장 제품브랜드와 기술 선도력 관리
⑤ 저성장 시장 유통기관별 제품전문화 관리

문23. 목표고객 발굴을 위한 고객세분화 전략으로 적절하지 않는 내용은 무엇입니까?
① 목표고객 세분화   ② 제품차별화 관리
③ 마케팅전문화 관리   ④ 고객별 기업이미지 관리
⑤ 제품특성별 고객 발굴

□ 세일즈관리 직무

문24. 세일즈 역할의 준비내용이 아닌 것은 무엇입니까?
① 제품특성과 기능 이해   ② 고객특성과 신념 이해
③ 상담자료 준비   ④ 상담매너와 방법 습득
⑤ 물류 및 유통경로 이해

문25. 세일즈 역할로 적절하지 않는 내용은 무엇입니까?
① 호기심 유발활동   ② 제품소구력 형성
③ 구매 만족도 안내   ④ 구매의사결정 촉구
⑤ 구매 재확신 관리

문26. 세일즈 커뮤니티 방법이 적절하지 않는 내용은 무엇입니까?
   ① 설득법   ② 사례활용법   ③ 동정심 호소
   ④ 화제전환법   ⑤ 부메랑 화법

문27. 세일즈 커뮤니케이션의 원칙에 해당되지 않는 내용은 무엇입니까?
   ① 자신감과 신념 확립   ② 긍정적인 메시지 전달
   ③ 사실적인 메시지 전달   ④ 고객 즐거움 유발과 신용획득
   ⑤ 인적네트워크 연결

문28. 세일즈 목표관리 과제로 적절하지 않는 내용은 무엇입니까?
   ① 구체적 실행방안 설정   ② 매출액 이익관리
   ③ 제품생산 능력과 계획관리   ④ 유통경로와 판매방법 선정
   ⑤ 시장성장 잠재력 분석

문29. 세일즈 목표관리 영향요인이 아닌 내용은 무엇입니까?
   ① 세일즈 투입요소   ② 세일즈 환경요인
   ③ 영업전략과 방법   ④ 세일즈 인력관리
   ⑤ 세일즈 성과관리

□ 서비스관리 직무

문30. 제품서비스 관리과제로 적절하지 않는 내용은 무엇입니까?
   ① 서비스 환경   ② 서비스 방법   ③ 서비스 품질
   ④ 서비스 효과   ⑤ 서비스 대상

문31. 제품서비스 환경에 해당되지 않는 내용은 무엇입니까?
   ① 생산기술과 제품성능   ② 제품가격
   ③ 제품디자인과 품질   ④ 제품 내구성
   ⑤ 물류방법과 유통기관

Ⅳ. 핵심직무 실무능력개발

문32. 제품서비스 품질에 해당되지 않는 내용은 무엇입니까?
① 생산기술 선진성　② 제품표준화　③ 제품보존성
④ 제품인지도　⑤ 제품활용성

문33. 서비스 만족도관리 과제로 적절하지 않는 내용은 무엇입니까?
① 서비스 인프라 확충　② 제품정보 신뢰성 관리
③ 제품 기대가치 관리　④ 제품서비스 위탁관리
⑤ 서비스 역량강화

□ 고객관계관리 직무

문34. 적극적 협력관계에 있는 소비자의 역할로 적절하지 않는 내용은 무엇입니까?
① 제품과 서비스 평가 모니터　② 제품이미지 관리 패널
③ 경쟁기업 정보수집　④ 기업정보관리 네트워크
⑤ 제품개발 아이디어 제공

문35. 고객관계관리 목적으로 적절하지 않는 내용은 무엇입니까?
① 고정거래 고객확보　② 소비시장 패러다임 분석
③ 기업 및 제품 이미지 홍보　④ 신제품 및 신서비스 발굴
⑤ 소비시장 성장성 견인

문36. 고객관계관리 효과분석 내용으로 적절하지 않는 것은 무엇입니까?
① 관계고객 규모분석　② 관계수준 분석　③ 관계역할 분석
④ 관계효과 분석　⑤ 잠재적 수요분석

문37. 고객관계관리 고객의 모니터링 과제로 적절하지 않는 내용은 무엇입니까?
① 서비스 인프라 인지도　② 구매의사결정 과정
③ 제품과 서비스 선택행동　④ 제품과 서비스 정보평가
⑤ 고객관계 관리 역할모델

Ⅴ. 조직행동과 직무적성관리

1. 조직행동관리

1.1 직무적응력 관리
□ 직무적응력은 조직의 업무역할에 순응하면서 조직 또는 담당직무가 추구하는 목표실행과 성과달성에 기여하는 수준임
- 사회조직에 편재된 모든 직무는 요구되는 목표와 기대하는 성과수준이 있으며 조직원은 이를 실현하는데 요구되는 최적의 역할을 수행함
- 직무적응력은 직무별로 추구되는 목표와 성과실행 방법에 따라 차이가 있으므로 직무분야별로 적응력이 관리됨

가. 직무적응력 개발
□ 고객관리 조직 표준직무 이해와 직무수행능력의 개발
□ 고객관계 형성을 위한 고객정보, 기업인지도, 제품이미지와 차별화관리 방법습득
□ 고객관계 관리에 필요한 목표결속, 커뮤니케이션 강화, 학습조직 활성화
□ 고객서비스와 만족도 관리 지식과 방법이해
□ 기업의 사회적 책임과 기업문화가치 이해

나. 직무적응력 향상과제

- □ 거래고객의 지속적인 관계형성을 위한 정보·요구도·기대가치·서비스 관리 시스템 구축
- □ 잠재고객 시장개발을 위한 생산기술과 제품특성 이해, 기업정보·제품 이미지·고객 요구도 조사와 마케팅전략 체계 구축
- □ 고객 서비스 표준화를 위한 정보데이터화, 업무시스템화, 서비스 차별화 관리
- □ 고객요구도와 기대가치 최적화를 위한 고객 맞춤형 서비스 관리, 문제점 탐색과 개선방안 수립

다. 계층별 직무적응력

- □ 리더자 계층
    - 고객 차별화로 소비행동을 촉진시키고, 기업 이미지와 제품 신뢰도 관리로 서비스 만족도를 향상시키며, 제품의 기대가치와 고객관계관리 역량을 개발함

구분	직무적응력
담당역할	• 잠재고객 발굴과 기업이미지 홍보, 고객만족도 수준 평가, 고객 불만분석과 문제해결,
업무행동	• 탐색력과 분석력, 판단력과 설득력, 리더십과 추진력 습득
직무적응력	• 소비자행동과 요구도 분석, 제품이미지와 서비스기능 설정, 고객관계관리 강화를 위한 고객정보 분석·평가 능력, 기업 인지도 통제·조절 능력, 소비자 행동관리 능력 개발

□ 중간관리 계층
- 인사제도 관리 및 인적자원 육성 교육훈련 프로그램 운영, 인사고과관리와 처우 및 보상 관리를 위한 목표과업 분석과 문제점 탐색, 대안수립능력 개발

구분	직무적응력
담당역할	• 고객관계 구축과 정보네트워크 설정, 고객성향과 요구도 분석, 고객만족도 및 서비스관리 시스템 구축
업무행동	• 기획력과 분석력, 판단력과 추진력, 리더십과 책임감 습득
직무적응력	• 제품특성과 품질 및 생산기술 이해, 제품선호도와 기대가치 관리를 위한 논리적인 과제분석력, 탐색적인 목표관리 능력을 개발

□ 실무자 계층(신입사원)
- 고객정보 수집 및 DB관리, 기업 및 제품이미지와 만족도 조사분석, 고객서비스 관리시스템 운영능력을 개발

구분	직무적응력
업무행동	• 이해력과 판단력, 탐색력과 분석력, 설득력과 추진력 습득
직무적응력	• 고객정보 조사·분석과 네트워크구축, 고객 불만과 요구도 탐색, 고객서비스관리 프로세스 운영을 위한 정보 분석력과 설득력, 책임감과 목표관리 능력개발

라. 핵심직무 적응력 관리

구분	적응력 관리
기업환경 분석	• 중장기 영업방침과 영업목표 이해 • 소비자행동과 고객관계관리 전략분석 • 기업이미지와 제품인지도 및 선호도 평가
조직역량 분석	• 고객관계관리 운영 매뉴얼 • 고객만족도와 서비스관리 시스템 • 품질보증 활동과 클레임처리 프로세스
사업가치 관리	• 잠재고객 발굴과 홍보지원 관리 • 고객정보 및 요구도 관리 프로세스 구축 • 고객 불만처리와 제품 및 기업 인지도 관리
사업성과 관리	• 기업 인지도와 제품 경쟁력 향상 • 고객만족도 향상과 서비스 선진화 • 조직원 CS역량 강화와 영업촉진 관리

1.2 업무동기관리

□ 업무동기는 조직에서 요구되는 직업의식과 개인별로 추구하는 성과목표의 조화와 부조화 수준에 따라 활성화 수준이 결정되어 업무성과에 영향을 미침

- 개인별로 할당된 직무를 활성화시키는 역할의 패턴으로서 의욕, 태도, 가치관, 목표성, 추진가치가 내포되어 역할을 견인시킴

V. 조직행동과 직무적성관리

□ 고객관리 분야 업무동기

직업의식
- 고객만족경영과 소비자 욕구충족
- 서비스 품질향상과 전문화
- 사회적 책임감과 공헌의식

목적지향성
- 기업이미지 확장
- 제품선호도 향상
- 제품경쟁력 관리

V. 조직행동과 직무적성관리

[직업의식 관리]

구분	관리내용	역할패턴
직업의식	직업윤리의식	• 기업의 윤리강령과 규칙을 명확히 이해하고 자신에게 주어진 업무에 기업에서 요구하는 윤리적 판단기준을 엄격하게 적용하여 스스로 의사결정을 하고 문제를 해결함 • 같이 일하는 동료의 역할을 존중하며 일의 우선순위와 중요도에 따라 무사 공평하게 처리함
	역량 전문화	• 맡은 업무에 대해 스스로 완결하려는 의지와 책임감을 느끼고 큰 무리 없이 스스로 일을 마무리함 • 자기분야에서 전문가로서 활동하기 위해 스스로 학습기회를 찾아서 발전시킴
	비즈니스 마인드	• 역동적으로 변하는 환경과 조직 전략간의 연계성을 고려하여 자신의 업무성과에 영향을 미치는 환경변수와 성과지표가 무엇인지를 스스로 파악하여 관리함 • 부서 또는 기업이 직면한 사업관련 이슈를 이해하고 그것이 자신의 업무 및 역할에 어떤 영향을 미치는지 인식함
	정보수집과 분석	• 인적물적 네트워크를 통해 유통되는 정보나 지식이 무엇인지 탐색하고 정보를 정밀하게 분석하는 방법과 추세를 학습함 • 자신의 업무와 관련된 정보에 대해 자신만의 소스를 개발하며 수집된 정보를 회사의 기준과 업무과정 중 학습한 자신만의 노하우를 통해 체계적으로 정리함

[목적지향성 관리]

구분	관리내용	역할패턴
목적지향성	성과 지향성	• 과업목표와 조직성과 달성을 위한 확고한 신념을 가지고 기업의 미래비전 실현을 위한 실행능력과 책임감을 보유하고 있어야 함 • 조직에 강한 지속력을 가지고 조직발전을 도모하면서 조직성과 관리에 요구되는 신념, 가치관, 업무태도를 활성화 시킴
	가치 지향성	• 자기 성장성을 관리하여 사회적인 기대가치 실현과 조직 역할의 전문화 추진, 조직과의 연대감을 향상시킴 • 조직 중심적인 가치관과 창의적이고 혁신적인 도전의식으로 조직신뢰감을 향상시키면서 담당역할에 충실함
	능력 지향성	• 기업 목표증진과 자기 삶의 미래가치 실현을 위한 능력개발 의욕을 높게 형성하고 지속적으로 자기역량 관리를 실행 하는 패턴이 조성되어야 함 • 조직역할을 통한 사회적 이미지 형성과 창의성 개발에 적극적이며 새로운 조직환경에 적극적으로 대응하거나 순응 할 수 있어야 함

[업무 행동관리]

구분	관리내용	역할패턴
업무행동	업무 추진력	• 사전에 정해진 일정 계획과 우선순위에 따라 자신에게 할당된 업무를 수행하면서 여러 업무과제 간의 우선순위를 판단하여 효과적이고 구체적인 방법으로 업무를 수행함 • 업무추진 중 돌발 상황이 발생할 경우 장애요인에 대한 대비책을 마련하여 기존의 관계와 계획에 따라 적절히 대응하면서 문제를 해결함
	업무 혁신성	• 일상적인 업무수행 과정에서 개선할 수 있는 부분을 찾거나 과거경험을 통해 새롭고 유용한 아이디어를 탐색 및 발견함 • 업무의 부가가치를 높이기 위해 기존의 방식을 개선하며 새로운 방식에 어느 정도의 위험이 따르더라도 좀 더 효과적인 절차나 방법과 기술을 모색함
	업무 리더십	• 전사적 관점에서 업무진행 상황을 점검하고 목표대비 달성 정도를 철저하게 관리하여 기대성과를 창출하고 기업경영에 미치는 중요한 사안에 대해 소신 있게 의사결정을 하며 업무 난이도에 따라 업무역할을 우선순위를 관리함 • 중장기적인 조직운영 및 목표달성에 필요한 인적물적 자원을 계획하고 가용 자원을 전사적 차원에서 파악하여 미리 준비하며 조직간 시너지 효과를 고려한 자원 활용방안을 수립함

2. 직무적성관리

□ 직무적성은 담당직무수행에 특화된 선천적인 업무자질과 습관화된 업무패턴인 업무순응과 새로운 업무 적응능력에 대한 통칭적인 개념임
- 직무적성의 영향력인 선천적인 업무자질은 신체적인 특징 및 본능적인 정서와 인지력에 의해 형성되어 사물에 대한 지각과 행동방향성을 결정함
- 습관화된 업무태도는 사회적 학습과정에서 형성되는 가치관과 업무태도(순응력, 수용력)로 나타남
- 따라서 선천적인 업무자질에 순응하면서 습관화된 업무패턴으로 형성되는 가치관과 업무태도를 개발하여 관련분야 직무적성을 활성화 시킬 수 있음

□ 직무적성 관리(학습)항목

○ 고객관계관리 체계와 목표설정	○ 고객니즈 파악 Skill
○ 업무시스템 관리와 책임감 고취	○ 잠재고객 발굴과 욕구관리 Skill
○ 업무혁신성과 전문성 개발	○ 서비스 및 만족도 관리 Skill
○ 탐색적 분석력과 커뮤니티 능력	○ 시장 및 고객정보관리 Skill

□ 직무적성 개발
- 소비자행동 탐색과 고객관리정보 DB구축으로 고객관계관리 시스템 설정과 서비스 Skill 개발
- 기업이미지 및 제품인지도 분석과 시장성장성 관리를 위한 조

사·통계분석 Skill 개발

- 고객 불만족 요인탐색과 문제점 개선과제 설정을 위한 변화관리 추진력과 통제·조정 Skill 개발
- 제품특성 및 기능개발과 제품품질 만족도 관리를 위한 제품기획능력과 품질경영관리 Skill 개발

V. 조직행동과 직무적성관리

3. 학습내용 평가

문1. 직무적응력이 가장 적절하게 표현된 내용은 무엇입니까?
　　① 업무역할의 순응력과 목표실행력　② 업무규정과 제도 이해력
　　③ 편재직무 성과실행력　　　　　　④ 업무경험능력
　　⑤ 업무학습능력

문2. 조직의 리더자 계층에 필요한 직무적응력이 아닌 내용은 무엇입니까?
　　① 소비자 행동과 요구도 분석　　　② 제품이미지와 서비스 기능설정
　　③ 경쟁기업 제품기술 분석　　　　　④ 고객정보 분석·평가
　　⑤ 기업인지도 통제·조절

문3. 조직의 중간관리자 계층에 필요한 업무행동이 아닌 내용은 무엇입니까?
　　① 기획력　② 분석력　③ 판단력　④ 추진력　⑤ 인내심

문4. 조직의 실무자 계층에 필요한 직무능력이 아닌 내용은 무엇입니까?
　　① 고객정보 조사·분석　　　　　　② 고객 불만과 요구도 관리
　　③ 고객서비스 관리　　　　　　　　④ 영업전략 분석·평가
　　⑤ 제품이미지 조사·분석

문5. 일반적인 관점에서 조직의 핵심직무 적응력관리 내용이 아닌 것은 무엇입니까?
　　① 중장기 영업방침 이해　　　　　　② 경쟁기업 관계고객 정보수집
　　③ 고객관계관리 운영매뉴얼 설정　　④ 잠재고객 발굴과 홍보 지원
　　⑤ 기업인지도와 제품경쟁력 향상

문6. 일반적인 관점에서 조직의 직업의식에 해당되지 않는 내용은 무엇입니까?
　　① 고객만족경영　② 기업문화관리　③ 소비자 욕구충족
　　④ 서비스 전문화　⑤ 기업이미지 확장

문7. 일반적인 관점에서 조직목표 지향성에 해당되지 않는 내용은 무엇입니까?

① 성과지향성　　　② 가치지향성　　　③ 능력지향성

④ 성장지향성　　　⑤ 만족지향성

문8. 일반적인 관점에서 기업을 지속적으로 성장시키는데 필요한 업무행동 관리 내용이 아닌 것은 무엇입니까?

① 업무 추진력　　　② 업무혁신성　　　③ 업무 리더십

④ 업무 만족도　　　⑤ 업무책임감

문9. 일반적인 관점에서 직무적성의 특성을 잘못 설명한 내용은 무엇입니까?

① 선천적인 업무자질　　　② 본능적인 지각능력

③ 습관화된 업무태도와 자세　　　④ 논리적인 직무지식

⑤ 사회적 학습내용의 순응·순발력

VI. 학습내용 평가

1. 학습내용 평가관리

☐ 직무분야별 학습내용에 대한 이해력 수준과 실무면접 대응능력을 평가하여 교육수료 수준의 결정과 추가학습 방향을 안내함

☐ 교육평가 과제
- 핵심업무 내용 이해도
- 조직(팀) 고유직무와 업무목표
- 직무수행방법 업무성과
- 핵심업무 수행에 필요한 전문지식과 실행능력
- 업무시스템별 조직(팀)역할과 업무범위
- 업무 우선순위와 협의 조정역할
- 핵심업무 책임과 권한

☐ 교육내용 평가방법
- 교육내용 온라인 평가관리
  - 다지선다형 및 단답형 문제평가
- 논술형 평가는 이메일 평가방법 운용(신청자에 한함)
  - 답안지 평가 후 첨삭지도
  - 본서 구성 단원별로 출제된 문제은행에서 중간평가 20문제, 최종평가 20문제로 평가함

Ⅵ. 학습내용 평가

□ 교재분야별 시험문제 출제
- 제1장 산업환경 변화와 기업인재상
- 제2장 조직기능과 편재직무
- 제3장 직무수행능력 관리
- 제4장 핵심직무 실무능력개발
- 제5장 조직행동과 직무적성관리

2. 평가결과 활용

□ 평가결과를 참조하여 직무능력개발 상담 및 재교육 이수지원
□ 목표능력 점수 60% 이상 수준 평가자 직무분야별 직무교육 수료증 발행

3. 학습내용 평가 정답

Ⅰ장. 학습내용 평가 정답(p22)

문1 ③　문2 ③　문3 ④　문4 ②　문5 ①　문6 ④　문7 ⑤

Ⅱ장. 학습내용 평가 정답(p30~31)

문1 ③　문2 ③　문3 ②　문4 ④　문5 ③　문6 ⑤　문7 ④

문8 ①　문9 ③

Ⅲ장. 학습내용 평가 정답(p41~43)

문1 ⑤　문2 ②　문3 ④　문4 ②　문5 ①　문6 ⑤　문7 ①

문8 ④　문9 ③　문10 ②　문11 ⑤　문12 ①　문13 ③　문14 ①

Ⅳ장. 학습내용 평가 정답(p74~80)

문1 ⑤　문2 ①　문3 ⑤　문4 ③　문5 ⑤　문6 ①　문7 ②

문8 ④　문9 ⑤　문10 ④　문11 ⑤　문12 ④　문13 ③　문14 ⑤

문15 ①　문16 ④　문17 ③　문18 ⑤　문19 ③　문20 ②

문21 ⑤　문22 ①　문23 ④　문24 ⑤　문25 ③　문26 ③

문27 ⑤　문28 ②　문29 ④　문30 ⑤　문31 ②　문32 ④

문33 ④　문34 ③　문35 ⑤　문36 ④　문37 ①

Ⅴ장. 학습내용 평가 정답(p90~91)

문1 ①　문2 ③　문3 ⑤　문4 ④　문5 ②　문6 ②　문7 ④

문8 ④　문9 ④

저자프로필

저자 편창규

◘ 학력
광운대학교 대학원 경영학 박사(1999)
동아대학교 경영대학원 경영학 석사(1989)
한국방송통신대학 경영학(1985)
부산공업대학 금속공학(현 부경대)(1982)
영산농업고등학교 임업과(1974)

◘ 경력
효산지식인력개발원 원장(2009~현재)
효산경영연구소(주) 책임연구원(1993~현재)
한국생산성본부 외래교수(1999~2005)
경복대학교 경영과 겸임교수(1994.3~2002.2)
ACC컨설팅 경영진단팀 팀장(1991~1992)
동양금속공업(주) 기획조정실 실장(1988~1991)
신화공업(주)생산기술부(1984~1988)
포스코 제강부(1982~1983)

◘ 저서/공저
기업과 나 그리고 기업문화(1992)
직무분석 어떻게 할 것인가?(1993)
직무분석연구&신인사제도 설계(1997)
소비자행동 동기이론(2004)
소비자 인지행동(2009)
The Job 오케스트라(2012)
기업직무 파헤치기(2013)
금융지원 직무 취업&직무능력개발 어떻게 할 것인가(2016)
은행&증권 직무 취업&직무능력개발 어떻게 할 것인가(2016)
보험 직무 취업&직무능력개발 어떻게 할 것인가(2016)
경영관리 직무 취업&직무능력개발 어떻게 할 것인가(2016)
경영지원 직무 취업&직무능력개발 어떻게 할 것인가(2016)
영업관리 직무 취업&직무능력개발 어떻게 할 것인가(2016)
생산기술 직무 취업&직무능력개발 어떻게 할 것인가(2017)
경영기획 조직 실무능력개발 매뉴얼(2018)
경영관리 조직 실무능력개발 매뉴얼(2018)
인사관리 조직 실무능력개발 매뉴얼(2018)

저자프로필

영업관리 조직 실무능력개발 매뉴얼(2018)
마케팅전략관리 조직 실무능력개발 매뉴얼(2018)
회계관리 조직 실무능력개발 매뉴얼(2018)
재무관리 조직 실무능력개발 매뉴얼(2018)
총무관리 조직 실무능력개발 매뉴얼(2018)
고객관리 조직 실무능력개발 매뉴얼(2018)
구매관리 조직 실무능력개발 매뉴얼(2018)
생산관리 조직 실무능력개발 매뉴얼(2018)
생산기술 조직 실무능력개발 매뉴얼(2018)
품질관리 조직 실무능력개발 매뉴얼(2018)

◼ 직무분석, 조직설계, 인사제도설계, 경영평가 연구 주요 수행실적

TRW스티어링: 조직 직능개발과 기능 활성화를 위한 직무분석(1993)
공무원연금공단: 직무분석 및 중장기 경영계획수립 연구용역(2003)
국군재정관리단: 국방성과관리 연구용역(2013)
국민건강보험일산병원: 일산병원 연봉임금제 도입 관련 평가시스템개발 연구용역(2000)
국민연금공단: 인적자원관리 인프라 구축 연구용역(2001)
금호생명: 경력개발제도 연구용역(2006)
금호생명: 회사 적정조직 및 적정 인력규모 산정 연구(2009)
기아정기: 신조직 설계를 위한 직무분석(1993)
대전광역시동구청: 총액인건비제 도입과 조직개편을 위한 조직진단 및 연구용역(2007)
대전광역시중구청: 총액인건비제 시행을 위한 조직진단 용역(2007)
동부화재해상보험: 신조직 및 인사제도 설계를 위한 직무분석(1997)
동아시테크: 직능평가제도 설계를 위한 직무분석(1996)
동양폴리에스터㈜: 직무체계확립과 과업표준화를 위한 직무분석(1996)
미도파푸트시스템: 직능평가제도 및 연봉임금제도 설계를 위한 직무분석(1996)
부산항만공사: 직무분석 및 제도개선등 용역(2005)
부산항만공사: 팀KPI 운영메뉴얼 및 운영방안 개 발연구용역(2005)
서울특별시시설관리공단: 공단 업무재설계(B.P.R)자문 및 실시용역(2001)
순천대학교: 전기전자공학부 교과과정 개선 직무분석 연구용역(2016)
쌍용자동차: 정원산정을 위한 직무분석(1994)
우정사업본부: 우정사업 조직몰입도 수준조사 및 향상 프로그램개발 연구용역(2006)
우정사업본부: 우정사업 중장기 인재육성 방안 연구용역(2005)
울산항만공사: 2011년 울산항만공사 경영실적 평가 자문용역(2012)
울산항만공사: 2012년 울산항만공사 경영실적 평가 자문용역(2012)
울산항만공사: 비전, 경영전략체계, 조직 및 인사시스템 선진화 연구용역(2011)
인천국제공항공사: 조직관리 기본지표 개발을 위한 직무분석 용역(2005)

㈜도루코: 성과평가제도 설계를 위한 직무분석(2003)
㈜도루코: 조직 및 정원산정을 위한 직무분석(2000)
㈜삼홍사: 목표관리과제(MBO)설계를 위한 직무분석 연구(2002)
충남천안시: 전직원 적성검사 용역(2007)
태백관광개발공사: 조직진단 연구용역(2006)
한국가스안전공사: 2000년 직무분석. 고객만족도. 사업심사분석 용역(2000)
한국남부발전㈜: 임금피크제 직원 효율적 운영을 위한 발전방향 컨설팅용역(2017)
한국도로공사: 직무역량 평가체계 개발 및 활용에 관한 연구용역(1999)
한국마사회: 제주경마공원 관리사 직무분석(2002)
한국방송공사: KBS의 합리적 인원관리를 위한 직무분석(1992)
한국산업인력공단: 『직무분석』 연구용역(2003)
한국수자원공사: Kwater 총보상체계 합리화 방안 연구용역(2011)
한국수자원공사 수자원연구원: 수자원연구원 중장기 발전방안 연구용역(2007)
한국승강기안전기술원: 신인사제도 컨설팅(2011)
한국유리공업㈜: 업무혁신 및 조직재설계를 위한 직무분석(2000)
한국저작권위원회: 저작권 정보관리 및 서비스사업 평가(2016)
한국전력공사전력연구원: 전력연구원 비전성과지표 개발 및 시범평가(2005)
한국컨테이너부두공단: 성과중심의 연봉제 도입용역(2006)
한국프랜지공업: 신조직설계와 정원산정, 신인사 제도설계를 위한 직무분석(1995)
한국환경자원공사: 직무분석을 통한 조직재설계 방안 연구 및 직원만족도 조사(2005)
효성생활산업: 능력급 인사제도를 위한 직능자격제도 및 직무값 설계(1996)

■ 기타 연구과제 수행실적
경기도고양시: 홍보매체 효과성 분석 및 맞춤형 홍보용역(2016)
경기도광명시: 「광명비전2025」 광명시 장기발전계획수립 학술연구 용역(2007)
경기도여주군: 여주군 지역사회복지욕구 및 자원조사 연구용역(2006)
경기도이천시: 제2기 이천시 지역사회복지계획수립을 위한 학술연구 용역(2010)
당진시청: 농촌중심지활성화사업 예비계획서 작성용역(2014)
대전광역시중구청: 장수마을관리원에 대한 발전방안 용역(2006)
서광전기㈜: 기업성장전략개발을 위한 경영분석(1992)
서울산업진흥원: DMC 교통접근성 개선을 위한 교통실태 분석(2017)
성암그룹: 광주직할시 서구사업지 신사업 투자개발 연구(1992)
우정복지협력회: 정보통신수련원의 효율적인 관리 및 운영혁신방안 연구(2006)
우정사업본부: 위탁창구망 중장기 육성방안 연구용역(2006)
우정사업본부: 창구소포 활성화 추진방안 마련 연구용역(2016)
인천국제공항공사: 사회공헌 프로그램 성과측정 용역(2014)
전라남도화순군: 화순군 지역사회복지계획수립 학술용역(2006)

충남계룡시: 계룡시 대중교통 기본계획수립 및 교통약자 이동편의증진 용역(2008)
한국기상산업진흥원: 항공기상청 13~15년(3년)사업운영계획수립 용역(2013)
한국산업인력공단: 『시험의 면제기준 축소방안』 연구용역(2003)
한국저작권위원회: 2015년 저작권 비즈니스 활성화 지원사업 평가용역(2015)
한국저작권위원회: 2015년 저작권 기술 및 표준화사업 모니터링 및 성과평가 용역(2015)
한국저작권위원회: 2016년 저작권 비즈니스 활성화 지원사업 평가(2016)
한국저작권위원회: 국가디지털콘텐츠 식별체계(UCI) 사업평가 및 만족도 조사(2015)
한국전력기술㈜: 중장기 경영전략 Rolling 용역(2010)
한국전자통신연구원: 광기반 공정혁신 플랫폼의 산업체 지원 수요조사, 수요자 만족도 및 생산성 향상분석(2014)
한국정보화진흥원: 2010/2011년 정보화정책 연구성과 분석(2011)
한국환경공단: 한국환경공단 직급조정관련 직원 경력 확인 및 환산용역(2010)

저자 편제호
◘ 학력
성균관대학교 대학원 박사과정 수료 교육학 전공(2017)
한국외국어대학교 교육대학원 교육경영학 석사(2015)
한림대학교 법학(2010)

◘ 경력
효산경영연구소(주) 전문연구원(2010~현재)
효산지식인력개발원 교육실장(2012~현재)

◘ 저서/공저
기업직무 파헤치기(2013)
금융지원 직무 취업&직무능력개발 어떻게 할 것인가(2016)
은행&증권 직무 취업&직무능력개발 어떻게 할 것인가(2016)
보험 직무 취업&직무능력개발 어떻게 할 것인가(2016)
경영관리 직무 취업&직무능력개발 어떻게 할 것인가(2016)
경영지원 직무 취업&직무능력개발 어떻게 할 것인가(2016)
영업관리 직무 취업&직무능력개발 어떻게 할 것인가(2016)
생산기술 직무 취업&직무능력개발 어떻게 할 것인가(2017)
경영기획 조직 실무능력개발 매뉴얼(2018)
경영관리 조직 실무능력개발 매뉴얼(2018)
인사관리 조직 실무능력개발 매뉴얼(2018)
영업관리 조직 실무능력개발 매뉴얼(2018)
마케팅전략관리 조직 실무능력개발 매뉴얼(2018)

회계관리 조직 실무능력개발 매뉴얼(2018)
재무관리 조직 실무능력개발 매뉴얼(2018)
총무관리 조직 실무능력개발 매뉴얼(2018)
고객관리 조직 실무능력개발 매뉴얼(2018)
구매관리 조직 실무능력개발 매뉴얼(2018)

직무분석, 조직설계, 인사제도설계, 경영평가 연구 주요 수행실적
국군재정관리단: 국방성과관리 연구용역(2013)
순천대학교: 전기전자공학부 교과과정 개선 직무분석 연구용역(2016)
울산항만공사: 2011년 울산항만공사 경영실적 평가 자문용역(2012)
울산항만공사: 2012년 울산항만공사 경영실적 평가 자문용역(2012)
울산항만공사: 비전, 경영전략체계, 조직 및 인사시스템 선진화 연구용역(2011)
한국남부발전㈜: 임금피크제 직원 효율적 운영을 위한 발전방향 컨설팅용역(2017)
한국수자원공사: Kwater 총보상체계 합리화 방안 연구용역(2011)
한국승강기안전기술원: 신인사제도 컨설팅(2011)
한국저작권위원회: 저작권 정보관리 및 서비스사업 평가(2016)

기타 연구과제 수행실적
경기도고양시: 홍보매체 효과성 분석 및 맞춤형 홍보용역(2016)
경기도이천시: 제2기 이천시 지역사회복지계획수립을 위한 학술연구 용역(2010)
당진시청: 농촌중심지활성화사업 예비계획서 작성용역(2014)
서울산업진흥원: DMC 교통접근성 개선을 위한 교통실태 분석(2017)
우정사업본부: 창구소포 활성화 추진방안 마련 연구용역(2016)
인천국제공항공사: 사회공헌 프로그램 성과측정 용역(2014)
한국기상산업진흥원: 항공기상청 13~15년(3년)사업운영계획수립 용역(2013)
한국저작권위원회: 2015년 저작권 비즈니스 활성화 지원사업 평가용역(2015)
한국저작권위원회: 2015년 저작권 기술 및 표준화사업 모니터링 및 성과평가 용역(2015)
한국저작권위원회: 2016년 저작권 비즈니스 활성화 지원사업 평가(2016)
한국저작권위원회: 국가디지털콘텐츠 식별체계(UCI) 사업평가 및 만족도 조사(2015)
한국전력기술㈜: 중장기 경영전략 Rolling 용역(2010)
한국전자통신연구원: 광기반 공정혁신 플랫폼의 산업체 지원 수요조사, 수요자 만족도 및 생산성 향상분석(2014)
한국정보화진흥원: 2010/2011년 정보화정책 연구성과 분석(2011)
한국환경공단: 한국환경공단 직급조정관련 직원 경력 확인 및 환산용역(2010)

고객관리 조직 실무능력개발 매뉴얼

초   판 : 2018년 07월 12일

지 은 이 : 편창규, 편제호 공저

펴 낸 이 : 김정희

발 행 처 : 효산경영연구소 지식인력개발원

출판등록 : 1992. 6.16 제2-1392

주   소 : 서울특별시 영등포구 63로 36, 5층(여의도동 리버타워)

전   화 : 02) 561-0310, 564-9970, 9971

팩   스 : 02) 561-9975

홈페이지 : www.hsojt.co.kr(교육), www.hyosan.re.kr(연구소)

저자상담 : ck55p@hyosan.re.kr

본서는 저작권으로 보호되고 있으므로 무단 복제, 인용 행위를 금지하며, 파본은 교환하여 드립니다.

정 가 9,000원   ISBN 978-89-87367-24-8
　　　　　　　　ISBN 978-89-87367-17-0(세트)